Bibliothèque Populaire

ou

L'INSTRUCTION

MISE A LA PORTÉE DE TOUTES LES CLASSES ET DE TOUTES LES INTELLIGENCES

PAR MM. ARAGO, AUBERT DE WITRY, ALEX. BARBIÉ DU BOCAGE, E. DE BASSANO, BOBLAYE, TH. BURETTE, J. P. DE BÉRANGER, S. BÉRARD, L. BERGERON, F. BOISSARD, ALEX. DE LABORDE, H. BOULAY DE LA MEURTHE, BORY DE SAINT-VINCENT, BRESCHET, BRIERRE DE BOISMONT, BUCHON, GRANUT, F. CUVIER, P. J. DAVID, DARCET, DARTHENAY, E. DUCHATELET, FAIX, FERDINAND DENIS, DEGERANDO, DROUINEAU, CH. DUPIN, FRANÇAIS DE NANTES, GALLE, GASC, GAY-LUSSAC, GEOFFROY-SAINT-HILAIRE, HUZARD, JOMARD, DE JOUY, ADRIEN ET LAURENT DE JUSSIEU, LAS-CASES, DOMINIQUE ET VICTOR LENOIR, FRANCISQUE MICHEL, DE MIRBEL, PH. LAURENT, ORFILA, PAULIN PARIS, VAL. PARISOT, PIROLLE, DE PRONY, REAL, SAINTE-BEUVE, VILLERME, DAUCHER, ESTÈVE DEVILE, A. BOIME-SIMON, TOURREIL,

ET

AJASSON DE GRANDSAGNE,

CHARGÉ DE LA DIRECTION.

PARIS,

RUE SAINT-ANDRÉ-DES-ARCS, N° 30.

1832.

AF503935

BIBLIOTHÈQUE POPULAIRE

ou

L'INSTRUCTION

MISE A LA PORTÉE DE TOUTES LES CLASSES ET DE TOUTES LES INTELLIGENCES,

par

MM. ARAGO, AUBERT DE VITRY, A. BARBIÉ DU BOCAGE, E. DE BASSANO, POBLAYE, J. P. DE BÉRANGER, S. BERARD, L. BERGERON, E. DE BEAUMONT, A. DE LABORDE, M. BOULAY DE LA MEURTHE, BORY DE SAINT-VINCENT, BRESCHET, BRIERRE DE BOISMONT, CHANUT, L. COUAILHAC, F. CUVIER, P. J. DAVID, DARCET, DARTHENAY, E. DUCHATELET, FAZY, FERDINAND DENIS, DEGERANDO, DROUINEAU, CH. DUPIN, FRANÇAIS DE NANTES, GALLE, GASC, GAY-LUSSAC, GEOFFROY-SAINT-HILAIRE, VICTOR HUGO, l'abbé HUNKLER, HUZARD, JOMARD, DE JOUY, ADRIEN et LAURENT DE JUSSIEU, LAS-CASES, PH. LAURENT, DOMINIQUE et VICTOR LENOIR, E. MARTIN, FRANCISQUE MICHEL, DE MIRBEL, ORFILA, LOUIS et PAULIN PARIS, PARISOT, PIROLLE, DE PRONY, REAL, SAINTE-BEUVE, VILLERMÉ, TH. BURETTE, DÉLALANDE ADLEY, A. CHARDIN, LECOMTE, DEMÉZIL, DESVAUX, ESTÈVE DEVILLE, BOIME-SIMON,

ET

AJASSON DE GRANDSAGNE,

CHARGÉ DE LA DIRECTION.

NOMS DES FONDATEURS.

M. le marquis AGUADO.
M. AJASSON DE GRANDSAGNE.
M. BARING.
Le duc de BASSANO (pair de France).
M. BEAUNIER (inspecteur des mines).
M. S. BÉRARD (député).
M. H. BOULAY DE LA MEURTHE.
M. BOULLAY (de l'Académie royale de Médecine).
M. CAIGNET. — Le marquis DE CHATEAUGIRON.
M. CHAULET (Agent de change).
Le duc de CHOISEUL.
M. COLLOT (directeur de la Monnaie).
M. DARCET (de l'Institut).
M. P.-J. DAVID (de l'Institut).
M. AMBR. FIRMIN DIDOT.
M. DURIEZ.
M. DURIS-DUFRESNE (député).
Le comte FRANÇAIS DE NANTES (pair de France).
M. GALL aîné (de l'Institut).
M. GANNERON. — M. GASC.
M. GAY-LUSSAC.
M. DOMARD (de l'Institut).
Le comte Alexandre DE LABORDE (député).
M. J.-B. LAFFITTE.
M. LEMAIRE aîné (d'Angers).
M. Dominique LENOIR.
M. LÉTELLIER (inspecteur des ponts-et-chaussées).
Le duc de LIANCOURT.
M. MALPIÈCE, architecte du gouvernement.
Le général MATHIEU DUMAS (pair de France).
M. ODIOT père. — M. PANCKOUCKE.
Le baron DE PRONY (de l'Institut).
Le comte RÉAL (conseiller d'état à vie).
Le comte Alexandre de LA ROCHEFOUCAULT.
M. le baron RODIER. — Lord SEYMOUR.
M. DE RICHEBOURG (pair de France).
M. le Dr C. A. TEISSIER. — M. A. VIGIER (député)
Mlle Juliette DE VILLENEUVE.

MYTHOLOGIE

GRECQUE ET ROMAINE,

PAR

A. BOIME-SIMON.

PARIS,

RUE ET PLACE SAINT-ANDRÉ-DES-ARTS, N° 30.

1833.

IMPRIMERIE DE DUCESSOIS

Quai des Augustins, n° 55.

INTRODUCTION.

Dans tous les âges et dans tous les climats, chez la tribu sauvage comme chez le peuple civilisé, un besoin de religion s'est toujours fait sentir. L'homme, quel qu'il fût, ne put jamais rester impassible au spectacle que la nature développait autour de lui. Au sein d'un monde, dont chaque objet atteste la grandeur, sans en révéler l'origine, son extase, en s'adressant d'abord à la création, réveilla en lui l'idée d'un souverain créateur. Il voulut le connaître : trop faible pour arriver jusqu'à lui, il se contenta de l'adorer ; ainsi l'admiration enfanta la religion.

Mais cet instinct sublime, qui devinait une haute puissance créatrice, ne s'arrêta pas à la pensée. Un type idéal ne suffisait point à la bonne simplicité des vieux temps. Croire à une intelligence occulte, c'était beaucoup pour la raison, mais ce n'était rien pour les sens. Il fallait une forme, quelque chose enfin que l'œil pût saisir ; et puis il ne semblait pas compatible de donner un seul maître à tout un univers. Alors, l'Être-Suprême ne fut point compris dans sa belle unité : on restreignit sa puissance, ou la morcela pour la distribuer à plaisir. De là toutes ces conceptions bizarres, ces milliers d'habitans de l'Olympe païen, figures taillées sur un patron corporel ; dieux et déesses à passions humaines, ayant chacun une spécialité, une présidence sur les actes des êtres d'ici-bas.

Devant tout ce qui portait l'empreinte d'un caractère surnaturel, l'imagination se frappa d'un vertige religieux. On ne put s'expliquer ce qu'étaient le ciel, la terre et l'eau ; on ne put trouver raison de tant de phénomènes renouvelés sans cesse ; l'ignorance en demanda compte à la superstition ; et chaque élément devint une divinité.

Et les merveilles de la nature ne furent pas seules déifiées : car l'homme trouva encore dans ses propres sentimens une cause à d'autres erreurs. La crainte ou l'amitié, la haine ou la reconnaissance, la terreur ou le despotisme ont fait aussi des dieux.

Que faire ? Cette superstition était reine, et le fanatisme lui prêtait sa main pour bâlir au hasard des temples et des autels. Si, du moins, dans ces pieux égaremens d'une conviction religieuse, l'homme n'eût fait que dresser une idole; si sa statue pompeuse et colossale n'eût été qu'un emblême, faux sans doute, mais sincère, d'une divinité profondément sentie; si, par élan de cœur, son hommage ne se fût exhalé qu'en saintes et ferventes prières, certes il y aurait encore quelque chose de beau dans ces premiers sentimens d'une religion à son enfance. La grossièreté des sens s'excuserait dans la pureté de l'âme. Mais non : la Divinité n'a pas été adorée, elle a été salie; on a spéculé avec elle; on a joué avec sa statue; elle a été servie par des bourreaux, et non par des ministres. Le temple.... ce n'était qu'un magnifique théâtre où la foule pressée assistait de ses regards religieux un spectacle de mort; où, dans des jours de malaise universel, s'implorait à grands cris l'appui des immortels. Car alors on ne croyait point au génie de l'homme; toute œuvre belle était réputée inspirée d'en-haut; rien de grand ne s'accomplissait, qu'une supplique solennelle ne fût adressée à un certain dieu, prétendu protecteur. Alors on achetait un succès; on prodi-

guait offrandes et sacrifices : l'hécatombe sa-
crée (cent têtes de taureaux), et puis... du
sang humain! On ne calculait pas : il fallait à
tout prix l'aide d'un bras imaginaire. Oui,
des libations de sang, des cadavres éventrés,
des crânes d'hommes sur un autel, et en
face un prêtre imposteur, un augure aux fi-
bres d'airain, scrutant avec un effroyable
sang-froid des entrailles vivantes, où son
ignorance effrontée se figure surprendre la
révélation des célestes décrets; les voilà, ces
appareils de sang, avec lesquels la religion
païenne arrachait la vénération publique
devant un marbre sculpté en figure divine ;
les voilà, ces fantômes de dieux, ces épouvan-
tails sacrés, que la tyrannnie trop souvent
dressa aux yeux d'une population stupide-
ment inclinée

MYTHOLOGIE

GRECQUE ET ROMAINE.

CRÉATION DU MONDE.

LE CHAOS. — LA NUIT. — LE DESTIN.

Qu'est-ce que le monde? D'où est-il sorti? et qui l'a formé?

A ce cri, jeté dès les siècles les plus reculés, la philosophie antique a répondu:

« Rien ne se fait de rien; et du néant profond

« Rien ne sort pour rentrer au néant infécond »(1).

Avec cette pensée première s'expliqua le mystère de la création; la religion païenne édifia le monde en supposant la préexistence de matières confuses et uniformes. C'est dans ce vaste mélange, appelé Chaos, qu'elle a puisé les élémens des êtres futurs.

(1) Trad. de Lucrèce.

Un dieu, dit-elle, changea la face de cette masse dormante ; il en tira l'Éther, qui forma le ciel, séjour des immortels ; le Feu, l'Air au milieu duquel s'arrondit et se balança la terre, que l'Eau environna. Ce dieu, quel est-il? c'est le Chaos lui-même, qui cessant d'être un amas inerte, devient avec la fable un pouvoir ordonnateur.

Son image semble se réfléter dans la Nuit (1), que l'on dit être sa fille. Comme lui, elle atteste ce vague obscur où se cache la naissance de l'univers. Divinité puissante, elle a d'innombrables enfans. Seule, elle conçut la Mort ; du Chaos elle eut le Destin et l'Erèbe ; du Sommeil, Momus, et de la Mort, la Fraude. Comme mère du Jour, qu'elle eut de l'Erèbe avec les trois Parques, on lui sacrifiait le coq, qui, dans les ténèbres, chante le retour de la lumière ; comme mère des Furies, qu'elle eut de l'Achéron, des brebis noires lui étaient immolées. Assise sur un char, tenant quelquefois deux enfans dans ses bras : l'un noir, emblême de la mort ou de la nuit ; l'autre blanc, symbole du sommeil ou du jour : telle on la représente avec un voile parsemé d'étoiles et un cortège de constellations.

Ainsi, dans ces deux déités, se divinise l'enfantement du monde ; et tout ce qui va rouler dans son sein est déjà arrêté, fixe et immobile : sur un trône de fer, le Destin l'a écrit dans son livre fatal. Son

(1) Hésiode Théogonie.

pied presse le globe , et sa main agite une urne où il a jeté le sort des hommes et celui des dieux.

Avec le Chaos et la Nuit, nous venons d'examiner moins des divinités que des puissances primordiales, d'où découle cette longue généalogie des dieux, qu'on a coutume de diviser en une classification où viennent se grouper, selon leur importance, d'abord les grands dieux, puis les dieux inférieurs, les demi-dieux ou héros, et enfin ces myriades de petits dieux qui devraient former plutôt une famille poétique qu'une classe mythologique.

PRINCIPALES DIVINITÉS.

COELUS, OU URANUS, OU LE CIEL.

Guerre des Titans.

Avec Cœlus nous entrons en matière : Cœlus, le plus ancien des dieux. Parmi les nombreux enfans que lui donna Tithéa, se distinguent Cybèle, Saturne, les Cyclopes et les Titans. Ces derniers, sous la conduite de Saturne, conspirent contre leur père, qui par pressentiment de leur audace, les tenait étroitement enfermés. Tithéa les délivre, arme Saturne d'un fer tranchant ; il mutile son père reposant sur sa couche, et le chasse de son empire. Que devient Cœlus ? il est Dieu , et à ce titre vous le croyez immortel sans doute ; eh bien ! non : il meurt de chagrin en maudissant son fils. Voilà les contradictions de la mythologie !

SATURNE ou LE TEMPS ,

Frère et époux de Cybèle, confondu sous le nom d'Ops et de Rhéa chez les Grecs, et d'Isis chez les Egyptiens.

Maître du trône paternel, avec l'assentiment de son frère aîné Titan , sous la condition qu'il n'élévera pas d'enfant mâle, Saturne dévore ses nouveaux-nés. Dans cette voracité fabuleuse est l'allégorie du temps, destructeur de tout ce qu'il produit. Cependant il est trompé ; Cybèle , mère de Junon et de Jupiter, pour sauver son fils , lui substitue une pierre emmaillotée. Titan découvre la supercherie ; à la tête de ses frères, il rallume les hostilités , et, vainqueur de Saturne, l'enferme avec Cybèle. Le nourrisson, grandi en secret, reconquit le trône pour son père, dont l'ingratitude soupçonneuse le récompense par un complot tramé contre ses jours. Jupiter le prévient, et l'expulse à jamais.

Loin des cieux, où son règne , d'une admirable prospérité pour les mortels , s'embellit dans les récits poétiques du nom d'*âge d'or*, le vieillard déchu descend en Italie s'asseoir , à côté de Janus, sur le trône du Latium. Là son règne nouveau est l'*âge d'argent*, prélude de la civilisation, des lois et de la culture dont il gratifia ses peuples. Au monarque, son hôte, il accorda le souvenir du passé et la prescience de l'avenir, double savoir figuré dans le double visage avec lequel on représente Janus. Il est facile de le comprendre, ce n'est point un dieu, mais pourtant il devint tel dans la reconnaissance des peuples. Aussi a-t-il des autels, et pour attributs une clé et un bâton ; la clé nous marque qu'il ouvre les portes du ciel et de l'année (1) ; le bâton, qu'il préside aux chemins. Rome lui fit des fêtes sous le nom de Januales, et lui éleva un temple, ouvert pendant la guerre et fermé en temps de paix. C'est sous lui, dit-on, que furent frappées les premières monnaies : ces pièces eu bronze, dont l'échange mutuel au retour de l'année semble être l'origine des étrennes, portaient d'un côté la double figure de Janus, et de l'autre un vaisseau, symbole du commerce, ou. selon quelques-uns, de l'arrivée de Saturne au Latium.

L'Italie, qui institua des fêtes à son prince, ne fut pas non plus ingrate envers le dieu exilé. Le souvenir de son séjour se perpétua tous les ans au mois de décembre, dans les Saturnales, jours de bonheur universel, où l'on voyait la statue de Saturne libre des fers qu'elle portait ordinairement, en mémoire de ceux dont l'avait chargé Cœlus ; où

______

(1) C'est de Janus que janvier a pris son nom.

la suspension de tout travail et l'indépendance mo-
mentanée des esclaves rappelaient la belle égalité
de l'âge d'or, où des prêtres immolaient au dieu,
le front découvert, contre l'usage des autres céré-
monies : sacrifices majestueux, sans doute, mais dont
la solennité même demandait d'autres victimes que
des têtes humaines.

S'il faut en croire quelques vieilles traditions, Saturne, vaincu dans une seconde tentative qu'il fit
pour recouvrer les cieux, s'enfuit en Sicile, où il
cessa d'être immortel. Jupiter, nous dit Ovide, le
relégua dans les prisons du Tartare.

Image du temps, Saturne est un vieillard courbé,
à la barbe blanchie. Sa faulx est le signe de la
destruction ; les ailes qui s'élèvent sur son dos an-
noncent sa rapidité. A ses pieds, un serpent qui
se mord la queue, figure l'éternité. Quelquefois
aussi, il tient un sablier qui marque la mesure
du temps.

CYBÈLE.

Sur un char attelé de deux lions, au milieu de
tambours et de flûtes, la tête couronnée de tours,
les mammelles toujours gonflées et des clés dans la
main, l'épouse de Saturne annonce la fécondité.
C'est la bonne déesse, la mère des grand dieux et
de tout ce qui respire. Souvent on représente un
jeune homme à ses côtés : accouplement étrange
d'une amante déesse avec un amant mortel, c'est le
berger phrygien Atys que l'amoureuse Cybèle se

choisit pour pontife, et qui paya de sa virilité la violation d'une foi jurée. L'infortune d'Atys se perpétue dans les prêtres mutilés de Cybèle, appelés Galles, du nom du fleuve Gallus dont les eaux enivraient d'une sainte frénésie. A Rome, Métellus lui fit bâtir un temple des deniers de l'aumône publique, et institua en son honneur les jeux mégalésiens. Ses fêtes les plus solennelles étaient dans la Phrygie. Les Corybantes, ainsi nommés de leurs casques d'airain ; les Curètes, du nom de l'île de Crète leur patrie ; les Dactyles, à cause de leur nombre égal aux dix doigts de la main, célébraient la déesse, courant çà et là dans l'enceinte de la ville avec un effroyable tintement de cymbales heurtées, indice sacré du bruit qui sauva les jours de son fils.

JUPITER.

Le berceau secret de Jupiter fut une caverne du mont Ida (dans l'île de Crète). Là, tandis que les Corybantes choquaient casques et boucliers pour étouffer ses vagissemens, deux nymphes le nourrirent du lait de la chèvre Amalthée. Le dieu, reconnaissant, mit dans la suite au nombre des constellations l'animal nourricier dont une des cornes, changée en trésor inépuisable, sous le nom de corne d'abondance, récompensa les soins des nymphes bienfaitrices.

Au sortir de sa retraite, la défaite des Titans est son premier exploit. Bientôt il exile un père ingrat et saisit le sceptre des cieux. Contre lui, pour venger les Titans, se soulèvent des géans innombrables, monstres à buste humain et à corps de serpent, issus de la plaie saignante de Cœlus. Sous la foudre de Jupiter croulent le Pélion et l'Ossa, entassés l'un sur l'autre pour l'escalade des cieux. Encelade est englouti sous l'Etna : c'est lui, disent les poètes, qui, dans le mont ébranlé par ses secousses, vomit les feux du cratère. D'autres, tels qu'Eurytus et Porphyrion, tombent sous la massue d'Hercule ; et les traits d'Apollon terrassent Othus et Ephialte, dont l'énorme stature grandissait tous les mois de neuf pouces entiers. Déjà les dieux sont fiers de ce premier succès ; mais bientôt paraît un nouveau fils de Tithéa, Typhée, qui soutient sur de vastes épaules cent têtes de serpens aux flamboyantes paupières. A son aspect, les dieux ont fui ; et l'Égypte les récèle sous la forme de plantes et de bêtes diverses. De là, sans doute, chez les Égyptiens, le culte des plantes et des animaux.

Mais Jupiter, qui sait que le Destin n'a pas arrêté sa perte, remonte avec Mercure et Bacchus affronter le géant ; et, des traits d'un foudre nouveau, il l'ensevelit sous les rochers d'Inarime (île voisine de la Campanie, *Italie*). Le ciel est pacifié, et le maître des dieux, pour consolider à jamais son trône, partage avec ses deux frères l'empire du monde : les mers sont à Neptune ; à Plutou, les enfers.

Alors d'autres soins vont occuper Jupiter ; il jette les yeux sur le monde d'ici-bas : ce n'est plus que crime et qu'impiété, ce ne sont plus que des hommes au cœur dignement pétri du sang des géans dont la terre les fit naître. Lui-même il descend en voyageur explorer cette race nouvelle, dont il éprouve toute la scélératesse, dans l'horrible festin où le roi d'Arcadie, Lycaon, incertain si son convive est un dieu, lui fait apposer sur la table des chairs humaines. Mais soudain l'infâme roi a payé sa monstruosité par la ruine de son palais, et se métamorphose en loup. Cependant, peu satisfai t d'un seul exemple, le dieu a résolu un châtiment universel pour ce *siècle d'airain*; un déluge a bientôt englouti et les hommes et leurs crimes; Deucalion et Pyrrha ont seuls survécu.

Et voilà donc la terre sans habitans; lui rendre une population subite devenait œuvre difficile aux facultés bornées de deux êtres humains. Cependant la voix d'un oracle appelle le couple sauvé à cette grande génération. Fidèles aux ordres reçus, tous deux ramassent des cailloux, et, la tête voilée, les lancent derrière eux. Les pierres retombant se sont tout à coup vivifiées; des hommes remplacent celles de Deucalion, des femmes celles de Pyrrha. Êtres miraculeusement improvisés, dont l'existence laborieuse et pénible rappelait si bien la dureté du caillou qui les forma, et qui valut à ce siècle de misère et de souffrance le nom d'*âge de fer*.

Pacificateur du ciel, et rénovateur d'un monde corrompu, tel jusqu'ici s'est présenté à nous le puissant fils de Saturne. Mais la mythologie n'a pas su borner à la suprématie de l'univers la plus grande de ses divinités. A côté du dieu elle a mis quelque chose de l'homme ; elle l'a matérialisé pour lui donner des passions, et avec ces passions les plus hideuses bassesses ; enfin elle l'a avili tout entier dans les sensations charnelles. Tour à tour elle l'a fait époux et amant ; et pourtant n'allez pas présumer ses plaisirs si faciles ; ne croyez pas que devant ce roi de la cour céleste, tout cède au gré d'un amoureux caprice : non, il y a du roman, si je ne me trompe, dans cette vie dévergondée du grand dieu des payens. Ruse, violence, métamorphose, tout est mis en usage ; quelquefois même les mortelles le consolent du dédain des déesses ; et sur la terre comme au ciel, monarque voluptueux, il joint aux affaires du monde de chevaleresques amours.

Sa première femme fut Métis : si grandes étaient sa sagacité et sa prudence, que Jupiter, craignant qu'elle ne lui donnât un fils d'une nature supérieure à la sienne, l'avala dans sa grossesse. Quelque temps après, tourmenté par un violent mal de tête, il appela Vulcain pour lui fendre le cerveau, et Minerve en sortit tout armée.

Il épousa ensuite Thémis, qui fut mère des Heures et des Saisons ; Eurynome, qui donna le jour aux Grâces si vantées ; et Cérès aussi, dont la fille Proserpine est reine des enfers. Sous les traits d'un berger, il obtint la tendresse de Mnémosyne, qui devint mère des Muses.

Mais de tant de femmes, la plus belle et la plus

puissante, celle enfin qui s'asseoit avec lui sur le trône des cieux, c'est Junon, c'est sa sœur. Voilà quelles ont été ses véritables unions d'époux, autour desquels se groupent à chaque instant mille aventures amoureuses, où toujours une métamorphose nouvelle vient ajouter au piquant de la séduction. C'est chose digne de sourire, sans doute; mais pour la pensée, quelle irréligieuse anomalie! Voyez donc ce dieu, qu'on vous peint au port si vénérable, à la barbe longue et blanchissante, assis sur un trône d'ivoire, la foudre en main, l'aigle à ses pieds, et la tête couronnée d'un amas de nuages; voyez, dis-je, ce Jupiter abandonnant les insignes d'une souveraineté sans égale, échanger sur son front vingt masques libertins, s'éclipser au gré d'un folâtre désir, tomber en pluie d'or dans la prison de Danaé; être satyre par amour pour Antiope, devenir cygne pour séduire Léda, mugir en taureau près de la belle Europe, qu'il emporte à travers le Bosphore; se glisser en flamme ardente au cœur d'Égine; emprunter à Diane sa figure pour tromper Callisto; et, Amphytrion supposé, envahir la couche d'Alcmène. Transformé en aigle, il enlève Ganimède, et le substitue à la jeune Hébé pour verser le nectar à la table des Dieux.

Et trop long serait d'énumérer ainsi toutes les circonstances où faillit le cœur sensible de Jupiter, si mieux ne valait les différer un moment pour les peindre en leur lieu avec plus d'ensemble et de détail.

Mais telle est, qu'on me passe l'expression par rapport à une divinité, *l'esquisse morale* du dieu qui fut adoré de toutes les nations. L'Égypte le révéra sous le nom d'Osiris ; la Libye , sous celui d'Ammon, où ses oracles étaient renommés. Il en rendait encore dans la forêt de Dodone (en Épire), que lui avait consacrée la Grèce. L'antiquité lui appropria tant de pouvoirs, multiplia tellement ses fonctions, qu'au nom de Jupiter s'ajoute fréquemment nombre de dénominations diverses. Tantôt c'est Jupiter Stator, parce qu'il arrête les Romains fuyant devant les Sabins ; tantôt c'est Jupiter Tarpéien ou Capitolin, parce qu'il a un temple sur la roche tarpéienne et sur le Capitole ; mais son plus beau nom est celui de Jupiter Olympien, du nom de la ville d'Olympie (en Élide), où son temple renfermait la plus riche statue, chef-d'œuvre de Phidias ; et avec ces principaux titres, il nous faudrait en citer mille autres, qui tous tirent leur valeur des exploits oudes événemens qu'on attribue à cette divinité infinie.

JUNON.

Fierté, jalousie et vengeance : à ces premiers traits, reconnaissez Junon. Si elle céda aux instances passionnées de son frère, qui triompha d'elle en se glissant dans son sein sous les plumes d'un petit oiseau, ce ne fut qu'avec la promesse de lui faire partager, en qualité d'épouse, le sceptre de l'Univers. Les noces se célébrèrent, et jamais cérémonie ne fut plus pompeuse. Les dieux, les déesses, les mortels, les animaux même, tous les êtres enfin, honorèrent de leur immense concours cette nuptiale solennité. La seule nymphe Chéloné refusa de s'y rendre, par mépris pour la fête; Mercure la métamorphosa aussitôt en tortue, et, sous cette forme, elle devint l'emblème d'un éternel silence.

Reine orgueilleuse et tyrannique, elle possède moins le cœur que le sceptre de Jupiter. Sans cesse elle est occupée à gourmander un époux infidèle et à poursuivre une rivale de sa haine vengeresse.

Io, qu'aimait Jupiter, ne peut se dérober à sa colère. Elle est changée en génisse par son amant; mais Junon lui impose pour gardien le vigilant Argus, qui de ses cent yeux n'en ferme jamais qu'une moitié. Vainement Mercure, par les sons assoupissants de sa flûte, a fermé ses paupières et lui a tranché la tête; l'implacable déesse attache aux pas d'Io les Furies, d'autres disent un insecte ailé (un taon), force l'infortunée fille d'Inachus à traverser la mer pour aborder en Égypte, où, redevenue femme, elle met au monde Épaphus, et plus tard est adorée comme principale divinité.

Junon était belle, mais peut-être avait-elle trop grande conscience de cette beauté; car Vénus ne lui fut pas impunément préférée au jugement du berger Pâris. Elle s'en vengea jusque dans la postérité de cette déesse : Ino, fille d'Athamas, roi de Thèbes, fut sa victime, pour cela même qu'elle descendait de Vénus. Tisiphone, d'après l'ordre de

Junon, se rendit à lla cour de ce prince, et l'agita d'un tel démon de furie, que ce malheureux époux, prenant son palais pour une forêt, Ino pour une lionne et ses enfans pour des lionceaux, écrasa le jeune Léarque contre un mur, et déjà se préparait à massacrer, pareillement son jeune fils Mélicerte, lorsqu'Ino le saisit dans ses bras et se précipita dans la mer, où tous deux furent changés en divinités des ondes, elle sous le nom de Leucothoé, son fils sous celui de Palémon.

Se dire égale en beauté à la reine des dieux, s'assimiler à sa grandeur, c'étaient là de ces vanités impardonnables, de ces offenses qui pénétraient au plus profond de son cœur. Aussi métamorphosa-t-elle en grue Pygas, la petite reine des Pygmées, qui osa se comparer à elle. Et les filles de Prœtus, Lysippe, Iphinoé et Iphianasse, pour s'être dites non moins belles que Junon, furent frappées de tels accès de frénésie qu'elles erraient furieuses au milieu des campagnes, heurtant de la tête et se croyant génisses. Mélampus les rendit à la raison, en leur donnant une eau mêlée d'hellébore, et pour prix de son admirable guérison, il obtint la main d'Iphianasse avec une partie des états de Prœtus.

Et quelques mots imprudemment émis, quelques discours débités par ruse pour tromper la déesse sur la conduite clandestine de son époux, valurent à la nymphe Echo d'être privée de la parole. Désormais sa voix ne rendit plus que les derniers sons entendus. Malheureuse, elle fut éprise du beau Narcisse, dont le devin Tirésias avait prédit la perte, s'il avait la fatalité de se voir. Narcisse vit son image au cristal d'une fontaine, il s'aima et mourut de langueur; D'amour et de douleur se consuma aussi l'inconsolable Echo, qui fut changée en rocher et ne conserva qu'un accent lamentable (1).

Par ses infidélités continuelles, Jupiter irrita tellement son épouse, qu'elle résolut de se retirer dans l'île d'Eubée pour ne jamais plus partager sa couche. Mais sur les conseils de Cythéron, le dieu a recours à la ruse. Il fait publier qu'il va épouser Platée, fille d'Asope; aussitôt Junon court se précipiter sur la nouvelle fiancée : déjà elle s'est élancée pour déchirer sa rivale : ô bienheureuse supercherie! elle ne voit qu'une statue richement habillée : elle sourit, et les deux époux ont réconcilié leur foi mutuelle. Mais cette paix n'est pas sincère : à de nouvelles infidélités succèdent bientôt de nouveaux reproches. Jupiter fatigué use même de rigueur. Il la fait, dit-on, attacher entre le ciel et la terre avec une chaîne d'or, les pieds pendant chacun sous le poids d'une enclume. Vulcain veut la délivrer, mais il est précipité du ciel sur la terre. Ce traitement redouble le courroux de Junon; elle conspire contre Jupiter, et associe à sa vengeance quelques-uns des immortels.

(1) Nous trouvons l'explication de cette fable dans ces vers de Boileau :

Echo n'est plus un son qui dans l'air retentisse,
C'est une nymphe en pleurs, qui se plaint de Narcisse.

Ils allaient l'emprisonner, lorsque Thétis amena à on secours Briarée, que Jupiter récompensa en le mettant au nombre de ses satellites.

Junon fut femme vertueuse, et deux fois elle devint mère sans le secours de son époux. D'après l'avis d'Apollon, elle mangea des laitues sauvages, et accoucha d'Hébé à l'instant même. Flore lui indiqua pareillement certaine fleur dont l'attouchement seul rendait une femme féconde : Junon la toucha, et Mars vit le jour.

Argos, Rome et Samos étaient les principales villes où son culte et ses temples recevaient les plus grands honneurs. Carthage cependant semble avoir été son séjour favori, si nous en croyons Virgile, qui nous dit :

> Aucun lieu pour Junon n'eut jamais tant de charmes :
> Samos lui plaisait moins. C'est là qu'étaient ses armes,
> C'est là qu'était son char ; là son unique espoir.
> Veut voir la terre entière adorer son pouvoir. (DELILLE.)

Sous le nom de Lucine, elle présidait aux mariages et aux accouchemens. Au premier jour de chaque mois, on lui sacrifiait une truie, comme signe de la fécondité. Le paon lui était consacré, parce qu'elle avait ainsi métamorphosé Argus, dont elle avait répandu les cent yeux sur la queue de cet oiseau. Le dictame, le pavot et le lis étaient regardés comme ses fleurs chéries. Ses fêtes se nommaient Lupercales, fêtes immondes où des prêtres couraient nus dans l'enceinte de la ville, tenant en main une courroie dont ils frappaient au hasard les flancs des jeunes femmes qui souhaitaient devenir mères. On la représente assise sur un trône, la tête ceinte d'un diadème, et un sceptre d'or en main; sur ce sceptre est un coucou, et à ses pieds un paon. Au-dessus d'elle Iris, sa messagère, déploie les couleurs de l'arc-en-ciel.

CÉRÈS. — PROSERPINE.

La première nourriture chez les premiers humains fut l'herbe sauvage. Jupiter leur révéla ensuite le fruit du chêne, et ce fut déjà beaucoup pour eux. Mais la fille de Saturne fit plus, elle leur montra la culture, et dès lors le gland fut à jamais échangé pour les épis féconds.

La plus grande bienfaitrice des mortels, c'est donc la déesse des moissons, Cérès, qui par ses charmes s'attira l'amour de Jupiter, dont elle eut Proserpine. Mais sa beauté ne fut pas seulement payée des faveurs du maître des dieux; Neptune lui-même n'y fut point insensible. En vain, pour se dérober à ses poursuites, se métamorphosa-t-elle en cavale; ce Dieu, sous la forme d'un coursier, l'atteignit, triompha de ses résistances et la rendit mère du cheval Arion, qui tenait de la nature humaine et les pieds et la voix. N'osant plus se montrer aux hommes, après avoir donné le jour à un monstre si horrible, elle se réfugia en Arcadie ensevelir sa honte en une retraite absolue. Déjà la terre, privée de ses soins, allait tomber dans un épuisement fatal aux mortels, lorsque Pan révéla sa demeure à Jupiter, qui envoya les Parques la consoler et l'engager à reparaître dans la Sicile, son séjour favori. C'est là que lui furent offerts les premiers sacrifices, non pas seulement comme à la déesse de la culture, mais encore comme à l'institutrice de salutaires lois, qui lui méritèrent le nom Thesmophore, c'est-à-dire, créatrice de lois.

Mère infortunée, elle pleura long-temps le sort inconnu de sa fille. Pluton la lui ravit, lorsqu'aux plaines d'Enna, cueillant des fleurs avec ses jeunes compagnes, elle s'égarait au milieu des prés. Désespérée et plaintive, partout elle cherche les pas d'une fille qu'elle n'a plus. Sous la terre entr'ouverte, le dieu des enfers l'a entraînée dans ses noirs palais, et les traces ont disparu. Cependant, toujours errante, elle arrive jusqu'au sommet de l'Etna, où deux branches de sapin, allumées au foyer du volcan, servent à guider ses pas dans les ténèbres. Rien ne se décèle à ses regards; elle parcourt toute la terre, et dans ses courses nombreuses, son passage se signale, tantôt par la punition d'une injure, tantôt par la récompense d'un service. Un jour, tourmentée de lassitude et de soif, elle frappe à la porte d'une cabane, d'où sort une vieille femme qui lui offre quelque boisson : elle se désaltère avec empressement; Stellio, un jeune enfant, raille son avidité, et disparaît tout-à-coup sous la forme d'un lézard.

Mais parvenue à Éleusis (en Attique), elle reconnut dignement l'hospitalité que lui accorda le roi Célée.

Elle y sauva les jours de son fils Triptolème, en le nourrissant de son propre lait : elle voulut même le rendre immortel ; et lorsqu'elle se disposait, pour purifier en lui ce qu'il y avait de terrestre, à le passer aux flammes d'un brasier ardent, Métanire, sa mère troubla, par des cris d'épouvante la mystique opération. Alors Cérès, renonçant à lui donner l'immortalité, lui apprit à ensemencer la terre ; de plus, elle lui fit présent d'un char attelé de dragons, sur lequel il devait aller partout répandre la science de l'agriculture. Tant de bienfaits de la part d'une déesse excitèrent la jalousie de Lyncus, roi de Scythie, qui aurait attenté à la vie de Triptolème, s'il n'eût été changé en lynx.

Ainsi Cérès trompait par moment sa douleur maternelle, et de nouveau se poursuivaient ses recherches longues et laborieuses. Enfin, elle apprend de Cyané ou, selon d'autres, d'Aréthuse, le nom du ravisseur, qui changea en fontaine la nymphe indiscrète. Aussitôt Cérès monte sur son char, et va redemander à Jupiter une fille qui depuis longtemps ne reparaît plus pour elle. Le dieu promet, si Proserpine n'a encore rien mangé dans les enfers : mais six grains de grenade ont effleuré ses lèvres, a dit Ascalaphe, qui, désormais, pour prix de sa révélation, n'est plus qu'un hibou aux cris importuns. Alors c'en est fait, Proserpine est déclarée épouse de Pluton et reine des enfers. Seulement, pour unique faveur, sa mère obtient que sa fille n'habitera que six mois aux sombres bords et six mois sur la terre.

Le front couronné d'épis et de fleurs, les mamelles gonflées de lait, un hibou à ses côtés, un lézard à ses pieds, du froment et des pavots dans une main, et dans l'autre des torches, ainsi est représentée Cérès, qui, par ses bienfaits et son infortune, mérita doublement les honneurs des mortels. En mémoire de sa fille enlevée, Triptolème établit dans l'Attique les fêtes Eleusinies ou mystères sacrés, dont l'initiation se préparait par les terribles épreuves du feu.

Comme déesse des moissons, elle recevait d'innocentes offrandes : les prémices du blé, le sel et l'encens. Quelquefois on lui faisait des sacrifices, mais le sang du taureau ne coula point sur son autel : animal agricole, il avait acquis par ses labeurs assez de droits au repos d'une longue vieillesse. Le porc seul lui était immolé, cet immonde ennemi des sillons.

On lui consacrait des forêts. Aussi l'impie Erésichthon ne porta-t-il pas impunément la hache sur des bois voués à son culte. Elle l'affligea d'une faim insatiable. En vain Métra, sa fille, qui obtint de l'amoureux Neptune le pouvoir de prendre mille formes diverses, se vendit-elle plusieurs fois pour suffire aux dépenses d'une telle voracité; jamais argent ne put combler tant de désirs; et le malheureux fut réduit à se dévorer lui-même.

LATONE. — APOLLON ET LES MUSES.

Nulle amante n'éprouva plus cruellement la vengeance d'une épouse, que la malheureuse Latone. Jupiter l'aima et la rendit mère. Junon, irritée, déchaîna contre elle le serpent né du limon de la terre après le déluge, le monstrueux Python. Vainement elle fuit pour se dérober à ses poursuites ; souffrante sous le poids accablant du fruit de ses amours ; partout elle erre, implorant un asile, et partout la Terre la repousse ; ainsi le veut la barbare Junon. Tant de maux ont attendri Neptune : d'un coup de son trident, il fait sortir du sein des ondes l'île flottante de Délos, qui reçoit enfin cette mère épuisée. Là, elle met au jour Apollon et Diane ; mais son repos n'est pas de longue durée. Junon a découvert sa retraite : dès lors, condamnée à de nouvelles douleurs, Latone part avec ses deux enfans rejoindre son père Cœus. Après une marche longue et pénible, elle arrive haletante aux bords d'un lac, où elle demande quelques gouttes d'eau à des paysans lyciens, dont la cruauté ne s'en tint pas à un refus, mais alla encore jusqu'à troubler l'onde : Jupiter, à sa prière, les changea en grenouilles.

Libre des persécutions de Junon, Latone vit croître avec orgueil sa double progéniture. Son amour maternel fit expier chèrement à Niobé l'insolente prétention de se croire supérieure à la mère d'Apollon et de Diane. Ses enfans, armés de flèches, pé-

nétrèrent dans e palais de Niobé, percèrent, sous
les yeux même de cette mère, ses dix fils et ses
dix filles, Chloris seule exceptée, épouse de Nélée,
roi de Pylos. Niobé, muette de douleur, resta im-
bile, transformée en rocher.

Fils reconnaissant des malh eurs d'une mère, Apollon tua le serpent Python, et fixa enfin l'île toujours flottante de Délos, où il rendit ses oracles.

Apollon est le Dieu des beaux-arts. Poète et mu-
sicien, il habite tour à tour le Pinde et le Parnasse
au double sommet, ou bien encore l'Hélicon d'où
coule l'Hippocrène, que fit jaillir d'un coup de
pied le fameux Pégase, ce coursier ailé qui, dans
son vol aérien, figure l'essor du génie. C'est là
que, la lyre en main, il préside cette académie céleste des neuf Muses, toutes filles de Jupiter et de
Mnémosyne, déesse de la Mémoire, de ces savantes
Piérides, ainsi nommées, peut-être, du nom de
Piérie, que l'on dit être le berceau de leur naissance, ou mieux encore du nom des filles de Pié-
rius, roi de Macédoine, qu'elles changèrent en pies
pour leur avoir disputé le prix de la poésie. Ce
sont de jeunes vierges, belles et modestes. On les
représente ailées, parce qu'elles s'attachèrent des
ailes pour se dérober aux violences de Pyrénéus,
roi de Thrace. Toutes ont un nom et un talent res-
pectif, que nous essaierons de rendre dans les vers
suivans :

Uranie, attentive, un compas à la main,
Suit les astres roulans, et marque leur chemin.

Clio tient une plume : aux pages de son livre
Elle inscrit les grands noms qui méritent de vivre.
Sur ses pas, Calliope, aux accens plus hardis,
Dans la belle épopée anime ses récits.
Melpomène, à l'œil sombre, au manteau qui s'étale,
Compose sur son port la pompe théâtrale ;
Elle agite un poignard, s'irrite de douleur.
Thalie, à ses côtés, montre un masque trompeur ;
Thalie, au rire amer, qui vous plaît et vous joue,
Qui porte un doigt malin au fard de votre joue.
L'Éloquence a sa muse : et Polymnie a su
Pour suspendre à sa voix un auditoire ému,
Faire parler le geste : et des traits du visage
Créa ce jeu mouvant d'où jaillit un langage.
Euterpe, sur sa flûte, avec des tons divers,
Adapte la musique aux cadences des vers.
Erato, par l'Amour laisse monter sa lyre,
Et la corde redit ce que le cœur soupire.
Et Terpsichore enfin, plus vive que ses sœurs,
Bondit d'un pied savant et préside les chœurs.

Apollon, compagnon des Muses, prend le titre de
Musagète. Inventeur de la médecine, il eut de
Coronis un fils qui exerça sur la terre cette miracu-
leuse science : c'est Esculape, qui, par son art assez
prodigieux pour ressuciter les morts, s'attira le courroux de Jupiter. Il rappela à la vie le jeune Hippolyte,
victime de la colère de son père Thésée, et le fils de
Minos, Glaucus, étouffé dans un tonneau de miel. Sur
les plaintes de Pluton, qui redoute de voir son empire désert, si le fils d'Apollon vient à prodiguer de
semblables miracles, Jupiter foudroie le trop savant
médecin. Apollon, furieux, court dans l'île de
Lemnos percer de ses traits vengeurs les Cyclopes
qui ont forgé le foudre fatal aux jours de son fils.

Mais Vulcain s'indigne d'un tel attentat, et en demande justice au souverain des cieux, qui exile Apollon.

Il va sur les bords de l'Amphryse (fleuve de Thessalie) garder les troupeaux du roi Admète : là il mérite d'être adoré plus tard comme le dieu des bergers. Un jour qu'il s'oubliait aux accens de sa flûte champêtre, Mercure lui déroba son arc et son troupeau. Marsyas osa lui disputer le prix de la musique, et fut écorché tout vif par Apollon vainqueur, et Midas vit s'alonger sur sa tête des oreilles d'âne, pour avoir follement préféré à ses accords ceux du dieu Pan.

Au sortir de la Thessalie, il se rend avec Neptune, pareillement exilé des cieux, chez le roi Laomédon. Tous deux lui offrent leurs services pour relever les murs de Troie ; il accepte, mais il leur refuse leur salaire. Les dieux se vengent de cette ingratitude, Apollon en frappant le peuple d'une peste épouvantable, Neptune en renversant les murs sous des flots débordés.

L'amour ne le consola point de ses infortunes continues : car rarement un égal retour a su payer ses amoureuses tendresses. Il poursuivait Daphné, lorsque l'insensible fuyant demanda aux dieux d'être changée en laurier. Plus malheureux encore avec Hyacinthe, lorsque tous deux jouaient au disque, Zéphyre jaloux, dit-on, dirigea le palet lancé par le dieu contre la tête du jeune enfant, qui tomba sous le coup, et de son sang naquit une fleur du même nom. Cyparisse lui fut cher, mais ille vit succomber à l'excès de sa douleur pour avoir percé imprudemment un cerf qu'il adorait. Il fut aimé de Clytie, mais il la délaissa pour s'attacher à Leucothoé sa sœur ; la jalouse Clytie dévoila l'intrigue à son père ; mais ne pouvant plus rien sur le cœur du dieu, elle se laissa mourir de faim, et fut métamorphosée en héliotrope ou tournesol. Il voulut aimer Bolina, qui, pour lui échapper, s'élança dans les flots.

Déplorable amant, qui devait mieux espérer sans doute, si les droits de la beauté étaient incontestables aux yeux de l'amour, car Apollon était beau : tel du moins on nous le représente, sous les traits d'un jeune homme, tenant un carquois et quelquefois une lyre à la main, et la tête ornée d'une chevelure blonde et flottante.

Apollon n'est pas seulement divinité des beaux-arts, mais encore divinité du jour : attribution nouvelle contestée par nombre d'auteurs, qui prétendent qu'on a confondu le dieu des Muses avec le dieu de la lumière. Quoi qu'il en soit, mention une fois faite d'un doute dont l'examen ne doit pas trouver place ici, disons qu'Apollon, ou Phœbus, ou le Soleil est monté sur un char traîné par quatre coursiers au milieu de jets de flamme rayonnant autour de sa tête, que les Heures attèlent son char, et que l'Aurore, sa fille, aux doigts de rose, lui ouvre les portes de l'Orient.

C'est au sein de l'Ether, que, porté d'un pôle à

l'autre sur des roues enflammées, Apollon dispense la lumière; seul il peut diriger ce char de feu, seul il sait le faire rouler dans un équilibre indispensable pour le ciel et la terre. Malheur à l'insensé qui se flatterait de le conduire! sa témérité entraînerait un incendie universel. Phaéthon l'éprouva: insulté par Epaphus, qui le renie comme fils d'Apollon, il monte au palais de son père, le conjure de confier à ses mains, pour un jour seulement, les rênes de ses coursiers, parce qu'il prétend, dit-il, prouver à l'insolent fils d'Io qu'il est le digne rejeton de Phœbus. Le dieu promet, et déjà Phaëton a saisi les rênes; mais sous cette main novice, les coursiers oublient les routes accoutumées, et tantôt trop élevé, tantôt trop abaissé, le char eût embrasé le monde, si Jupiter, d'un coup de foudre, n'eût précipité l'audacieux dans les flots de l'Eridan, sur les bords duquel ses sœurs inconsolables errèrent et furent changées en peupliers. Le malheureux Cycnus, déplorant la perte plus encore d'un ami que d'un parent, succomba à sa douleur et fut métamorphosé en cygne.

Phœbus hésita long-temps à reprendre la conduite d'un char qui lui coûtait la mort de son fils; mais cependant, à la prière de tous les dieux, il y remonta courroucé, et le rendit aux voies des régions connues.

Le culte de ce dieu était généralement répandu dans l'Egypte, la Grèce et l'Italie : comme divinité des bergers, le loup lui était immolé. Le palmier, le cyprès et le laurier étaient destinés à tresser ses couronnes. Il avait de nombreux oracles : Délos, Patare, Claros, Ténédos et Cirrha renfermaient les plus célèbres. A Cumes résidait la vieille sibylle, qui, du fond de son antre où le dieu l'inspirait, rendait ses réponses sur des feuilles légères, soudain emportées par les vents. A Lébadie (dans la Boétie) rien n'égalait la beauté de son temple, bâti par Trophonius; là, peuples et rois venaient en foule consulter ses oracles, les mains chargées de présens. A Delphes encore se célébraient les jeux pythiens, en l'honneur de la victoire sur le serpent Python. Ses plus belles statues étaient l'Apollon du Belvédère, chef-d'œuvre de l'art, et le monstrueux colosse de Rhodes, l'une des sept merveilles du monde.

DIANE.

Témoin des horribles souffrances de sa mère, Diane fit vœu de ne jamais connaître l'amour : son père y consentit. Alors la solitude fut son séjour, la chasse sa passion. Jupiter lui-même l'arma d'un arc et d'un carquois. Soixante océanides et vingt autres nymphes, pures comme elle composèrent sa cour et l'accompagnèrent dans les bois, dont elle est souveraine.

Honte à l'impudique qui souillait de sa présence un cortége si saint! la déesse la chassait sans retour. Cet arrêt d'expulsion frappa la nymphe Callisto, involontaire victime dont Jupiter ne triompha qu'avec la figure empruntée de Diane, et qu'il rendit mère d'Arcas. Ce ne fut point assez : sur elle vint encore peser la colère de Junon, qui la métamorphosa en ourse. Sous ces traits monstrueux l'infortunée errait dans les bois, lorsque plus tard son fils l'aperçut en chassant, et se disposa, dans son ignorance, à la percer de ses flèches. Le parricide eût été consommé, si Jupiter ne l'eût aussitôt changé lui-même en ours. Tous deux prirent rang parmi les constellations, où ils formèrent la grande et la petite ourse.

Indifférente à l'amour, Diane n'aurait dû tenir aucun compte de ses charmes : et cependant on la voit s'irriter à la vanité d'une Chioné, qui d'abord épouse d'Apollon, dont elle eut le fameux joueur de flûte Philammon, et ensuite de Mercure, dont elle eut l'insigne voleur Autolicus, regardait sa beauté supérieure à celle de la déesse et mettait sa fécondité bien au-dessus d'une belle chasteté. Diane lui perça la langue d'un coup de flèche; elle en mourut. Son père Dédalion, furieux de douleur, se précipita du haut du Parnasse; mais sa chute ne s'accomplit point. Retenu par Apollon, qui le changea en faucon, il s'envola dans les plaines de l'air.

Même sort fut réservé à d'autres orgueilleuses; Laodamie, fille de Bellérophon, et Chloris, femme de Nélée, se dirent aussi plus belles que Diane, qui à l'aide de ses flèches, s'en fit pareillement justice.

Mais elle s'alarma à plus juste titre aux insultes

faites à sa pudeur. Actéon, pour l'avoir surprise au bain, expia cruellement ses regards indiscrets. Métamorphosé en cerf, il fut poursuivi par ses propres chiens qui, le prenant pour une proie, le saisirent et le déchirèrent en lambeaux.

Et la négligence coupable d'OEnée, roi de Calydon (ville d'Etolie en Grèce), ne resta pas non plus sans châtiment. Ce prince, en reconnaissance de la grande fertilité des champs soumis à son pouvoir, avait offert des sacrifices à tous les dieux; Diane seule fut exceptée. Pour punir cette oublieuse indifférence, elle déchaîna dans ses états un sanglier énorme. Il fallut arrêter ses ravages, et la chasse en fut terrible. Nombre de jeunes héros conspirèrent à la destruction de l'épouvantable animal. Le fils même d'OEnée, Méléagre, en fut vainqueur, non pas seul toutefois, car la courageuse Atalante eut la gloire de lui porter le premier coup. Méléagre partagea donc l'honneur de cette victoire, en lui offrant la peau et la hure de sa conquête. Mais les frères d'Althée, épouse du roi, Toxée et Plexippe, outrés d'une telle préférence, arrachèrent le présent des mains de la princesse. Hors de lui, Méléagre perça ses deux oncles. A la vue des cadavres de ses frères, Althée courut jeter dans les flammes le tison fatal à la durée duquel les Parques avaient attaché les jours de son fils. Au moment même en effet, Méléagre sentit un feu inextinguible dévorer ses entrailles, et sa vie s'exhala à la dernière fumée du tison mourant.

Diane, déesse de la chasse, est représentée vêtue

à la légère, armée d'un carquois, un chien à ses côtés, et quelquefois sur un char traîné par des cerfs.

Mais, à ces attributs de la divinité chasseresse, substituez un croissant sur son front, une robe longue descendant à ses pieds, et un voile flottant autour de sa tête; dans cet extérieur nouveau vous aurez la déité de la nuit, la Lune ou Phœbé, Phœbé, qui, chaste sur la terre avec le nom de Diane, dément cette prétendue virginité par sa tendresse ardente pour le beau pasteur Endymion, qu'elle visite toutes les nuits dans la grotte du mont Latmos (en Lydie) où Jupiter l'avait condamné à un sommeil de longue durée.

Dans les sacrifices qu'on lui offrait, le bœuf, le bélier et le cerf étaient les principales victimes : mais le sanglier et le chien lui étaient consacrés. Les habitans de la Tauride lui rendaient un culte solennel, et immolaient sur ses autels les étrangers que la tempête jetait sur leurs côtes. Son plus beau temple était celui d'Ephèse (en Ionie, dans l'Asie mineure), qui passe pour une des sept merveilles du monde, et dont l'incendie rappelle le nom du fameux Erostrate. Un autre temple s'élevait encore pour elle dans la Grèce; mais, privilége étrange et sanguinaire, nul ne pouvait y ceindre la mitre de pontife qu'il n'eût assassiné le prêtre en fonctions.

Aux noms de Diane, *divinite terrestre*, et de *Phœbe, divinite céleste*, se joint encore le nom *d'Hecate deesse des enfers.* Là, elle préside à la magie et aux enchantemens. On la représente avec trois têtes; ses autels s'élevaient surtout dans les carrefours et sur les chemins. A Stratonice, on lui donnait des fêtes annuelles. Athènes lui réservait un culte particulier comme à la protectrice des familles et des enfans, et lui adressait souvent des offrandes expiatoires.

MINERVE OU PALLAS.

Miraculeux enfant du cerveau de Jupiter, Minerve, à sa naissance, aida son père dans la guerre des Titans, où elle vainquit l'infatigable Alcyonée qu'elle emporta au-delà du cercle de la lune, et plus tard terrasssa le terrible géant Pallas dont elle revêtit la peau et s'appropria le nom.

C'est la déesse de l'industrie : peinture, sculpture et broderie, elle excellait dans tout; et cependant ses mains savantes rencontrèrent chez les mortels des mains plus savantes encore. Trop habile ouvrière pour son malheur, Arachné, de ses doigts humains, ne laissait pas d'ourdir de prodigieux tissus; mais son orgueil égalait ses talens : elle n'hésita point à les mettre en parallèle avec ceux de la déesse. Minerve, confuse à la vue d'une toile plus admirablement travaillée, frappa de sa navette l'impertinente brodeuse qui se pendit de désespoir, et fut changée en araignée.

Inhabile à tirer gracieusement des sons de la flûte dont elle dispute l'invention à Mercure, un jour qu'elle voulut tenter un essai en présence des autres dieux, tous raillèrent les contorsions de ses lèvres grimaçantes. De dépit, elle jeta l'instrument dans un fleuve, d'où Marsyas, l'ayant retiré, déplora plus tard dans le châtiment d'Apollon sa fatale découverte.

Minerve, toujours chaste et toujours pure, obtint de son père de garder une éternelle virginité. Vulcain voulut lui faire violence, mais elle sortit intacte de ses bras; et pourtant les efforts du dieu ne furent pas sans fécondité : car ils donnèrent naissance à l'informe Erichthonïus que la déesse enferma dans une corbeille, et confia à la garde des filles de Cécrops, avec ordre de ne l'ouvrir jamais. Aglaure, l'une d'elles, brava la recommandation de Minerve qui châtia sa coupable curiosité, en lui inspirant contre sa sœur Hersé, amante de Mercure, un tel vertige de jalousie, qu'elle trahit cette intrigue et fut convertie en pierre par le dieu courroucé.

Moins entreprenant que Vulcain sans doute, mais non moins indiscret, Tirésias, par ses regards, alarma sa pudeur, lorsqu'il l'aperçut avec la nymphe Chariclo sa mère, se baignant dans les eaux de l'Hippocrène. Pour avoir trop vu peut-être, ses yeux ne virent jamais plus (1) : et, sans les pleurs d'une mère inconsolable, il eût traîné, à l'avenir, une vie morte à tout autre sentiment que celui du repentir, si la déesse n'eût échangé la perte de sa vue pour le présent d'un savoir précieux, celui d'une divination infaillible.

(1) C'est Junon, selon quelques auteurs, qui aveugla Tirésias, pour lui avoir répondu que l'homme était moins heureux que la femme. Tirésias avait été successivement homme et femme.

Déesse d'une chasteté qu'elle avait adoptée pour apanage, elle ne la mettait pas chez elle seulement à l'abri de toute atteinte, mais elle la protégeait encore dans les autres. Elle changea en hibou l'infâme Nyctimène, souillant sa fille d'incestueux plaisirs : et elle ne vit pas non plus sans indignation, au sein même de son temple, Méduse, la plus belle des trois Gorgones, en proie aux outrages de Neptune. En guise de ses beaux cheveux, la tête de la fille de Phorcus se coiffa de serpens, et, ses traits s'empreignirent d'une vertu pétrifiante.

A voir Minerve, le casque en tête surmontée d'un hibou (1), la lance en main, le sein couvert d'une cuirasse, et le bras armé d'une égide, sur laquelle est placée la tête de Méduse, vous la croiriez divinité de la guerre. Nullement ; Minerve est aussi divinité de la Sagesse et de la Prudence ; comme telle, elle préside à l'art des combats, mais elle n'est pas le démon des batailles : à Mars et à Bellone, ce privilége de sang. Elle aime la paix, dont l'olivier est le symbole, elle qui le créa, lorsque Neptune lui disputa le droit de nommer la ville bâtie par Cécrops. A celui-là cet honneur, dirent les Dieux, qui gratifiera du plus utile présent ces remparts nouveaux. D'un coup de son trident, Neptune fit bondir un coursier, emblême de la Guerre ; Minerve fit l'arbre de la Paix : elle l'emporta, et Athènes (2) fut le nom que reçut la ville naissante.

(1) C'est Nyctimène.

(2) Il est impossible de trouver en notre langue quelque

Tant de qualités ne restèrent pas sans honneur chez les mortels ; la Libye célébrait en son honneur des fêtes où de jeunes filles luttaient entre elles avec des armes meurtrières. Celle qui succombait la première était universellement soupçonnée d'avoir manqué à sa virginité, et son corps était jeté à la merci des flots. Gloire et triomphe étaient à l'héroïne qui sortait de tant d'assauts, pâle, échevelée et sanglante. Athènes avait aussi ses panathénées, combats au pancrace et au pugilat. Les Troyens lui avaient élevé un temple, où se conservait en son honneur une statue appelée Palladium, et à laquelle ils attachaient le salut de leur patrie.

Partout elle était adorée : partout l'invoquaient peintres, artistes et sculpteurs. C'était un devoir, et comme un pronostic de succès, que d'adresser, au commencement de toute entreprise, des prières et des offrandes à la divinité de la Sagesse, du Goût, en un mot de la Science.

MERCURE OU HERMÈS.

Au titre de messager joignez le talent de beau parleur et le métier du plus adroit fripon, vous saurez ce qu'est Mercure, ce fils de Maïa (1) et de

analogie entre le nom de Minerve et celui d'Athènes. Le rapport est frappant dans le seul mot grec ATHENA (Minerve, où s'identifie tout entier le nom de la ville d'Athènes (Athenaï).

(1) Maïa, fille d'Atlas, fut changée, dit-on, en étoile, ainsi que ses sœurs. Elles sont au nombre de sept, appelées Pléiades et placées sur la poitrine du Taureau (constellation).

Jupiter, natif de Cyllène, en Arcadie. C'est le Dieu sans pareil, le Dieu infatigable, le Dieu à tout état. Du ciel sur la terre, de la terre aux enfers, il va partout. Il vole plus souvent qu'il ne court ; car son père attacha des ailes à ses talons et au pétase qui lui couvre toujours la tête. Fripon décidé, le lendemain même de sa naissance, il dérobe le troupeau d'Apollon. Son vol eut un témoin : Battus était là ; mais il lui promit le silence, en acceptant une génisse ; âme vénale qui, sur l'appât d'une double récompense, se laissa surprendre le secret par le Dieu lui-même ; par Mercure déguisé, qui le métamorphosa en pierre de touche.

Et toujours il volait, tantôt au même Dieu pasteur et ses flèches et son carquois, tantôt à Neptune son trident, à Vénus sa ceinture, à Mars son épée, à Vulcain ses tenailles. C'était là de ses jeux où il usait d'une adresse sans égale. Aussi fut-il sur la terre le patron des voleurs ?

Son habileté lui valut, auprès de Jupiter, une place importante, celle de député et de confident : c'est lui qui entretenait les intrigues de son père, qui les mettait à l'abri de la jalousie de Junon. Ministre ou ambassadeur du conseil céleste, c'est lui encore qui convoquait les assemblées, dictait les arrêts de guerre, et concluait les pactes d'alliance. Il est Dieu du commerce : on le voit à la bourse qu'il porte dans la main. Il est Dieu de l'Éloquence ou plutôt de la Persuasion, puissance de la parole figurée par les chaînes d'or qu'on lui met dans la bouche, et qu'on rattache à l'oreille de ses auditeurs. Et au milieu de tant d'attributs, il se multiplie avec une prodigieuse vivacité; il suffit plus encore à tant de fonctions qu'elles ne lui suffisent à lui-même; car il cumule en outre l'emploi de Messager aux enfers. Alors il tient un caducée dont lui fit présent Apollon, en échange d'une écaille de tortue, montée de cordes sonores, ébauche imparfaite de la première lyre. C'est à l'aide de cette baguette magique qu'il détache artistement les âmes des corps, et qu'il les transporte au nautonnier des sombres demeures. Quelques siècles après, il ramène ces mêmes âmes sur la terre pour les faire revivre dans quelques corps nouveaux, transmigration plaisante révélée par Pythagore sous le nom de Métempsycose.

BACCHUS.

Des amours de Sémelé et de Jupiter naquit Bacchus. Sa naissance causa la mort de sa mère; ce fut encore un des traits de la jalousie de Junon; sous la figure de Béroé, nourrice de Sémelé, elle va trouver l'amante de son époux, l'engage à se désabuser sur l'immortalité de celui qui l'aime, et lui conseille, afin de s'assurer par elle-même si réellement il est Dieu, d'exiger, comme marque de son amour, qu'il se montre à ses regards dans l'éclat de sa divinité. Sémelé obtint cette faveur de Jupiter. Environné des appareils du maître de la foudre, le Dieu parut; soudain, à l'approche de tous ces feux, le palais de Sémelé s'embrasa; elle-même périt au sein des flammes. A peine Vulcain eut-il le temps de sauver l'enfant pour le remettr à Jupiter qui l'enferma dans sa cuisse.

Au sortir de cette prison, parodie étrange des flancs maternels, il passa dans les mains d'Ino sa tante, qui le confia aux soins des Hyades, jusqu'à ce que l'âge lui permît de recevoir les leçons des Muses et du vieux Silène; Silène buveur aimable, toujours monté sur un âne, compagnon assidu de l'ami qu'il instruit.

Bacchus devenu grand, conçut des idées de conquêtes; mais loin de lui cet esprit sanguinaire qu'atteste le bruit martial du glaive, des boucliers et des lances! Les thyrses, les tambours et les tonneaux roulans, voilà ses armes; des hommes et des femmes amis de la danse et du vin, voilà son armée. A la tête de cette troupe joyeuse, il entra dans l'Inde et l'Egypte, moins en guerrier qu'en divinité bienfaissante; car il enseigna aux peuples divers arts nécessaires à la vie, comme la culture de la vigne, et fit agréer son pouvoir avec autant de charmes que ses bienfaits.

Au retour de ses expéditions, il rencontra, dans l'île de Naxos, Ariadné délaissée par Thésée; il l'aima et lui fit don d'une couronne qui fut mise au nombre des constellations.

Le bonheur qui semblait s'attacher à ses pas, fut troublé quelquefois par les méchancetés de Junon. Comme il fuyait un jour devant l'opiniâtre déesse, il tomba de lassitude et s'endormit. Un serpent à deux têtes, déchaîné contre lui, vint l'attaquer. Réveillé en sursaut, il saisit une branche de sarment et le tua sous le coup. Mais Junon ne s'en tint pas là : elle le fit errer avec des accès de folie dans une grande partie du monde. Protée, roi d'Egypte, le reçut le premier ; d'Egypte il passa en Phrygie où il recouvra la raison en se faisant initier aux mystères de Cybèle.

Icarius, roi d'Athènes, lui offrit également un solennel accueil ; et le dieu reconnut cette hospitalité en lui enseignant l'art de cultiver la vigne et de faire le vin. Mais, reconnaissance fatale ! Icarius fit boire à ses sujets la liqueur que lui avait révélée le Dieu du vin. Les insensés, dans leur ivresse, se crurent empoisonnés, et, pour se venger de leur maître, le précipitèrent en un puits.

Bacchus était généreux : mais, quelle que fût sa bonté, elle n'allait pas jusqu'à se mettre au-dessus des mépris professés contre sa divinité. Il avait des fêtes appelées Bacchanales, ou orgies sacrées, célébrées par les Thyades, Ménades ou Bacchantes, ses prêtresses. Malheur à qui les dédaignait et en rejetait les saints mystères ! Il en advint mal à Penthée, qui avait prétendu restreindre la licence de ces fêtes : les Bacchantes, sous l'inspiration du Dieu qui les frappa de fureur, se jetèrent sur l'insolent petit-fils de Cadmus, et le mirent en lambeaux.

Défense était faite de travailler pendant les jours consacrés à la célébration des fêtes du Dieu. Les filles de Minée, Isis, Clymène et Alcithoé, apprirent, par leur métamorphose en chauve-souris, qu'on ne violait pas impunément cette sainte coutume. Leur faute était grande : car elles avaient en outre refusé d'assister aux mystères; elles avaient même osé renier la naissance du fils de Jupiter et de Sémélé.

Et le roi de Thrace, Lycurgue, ne fut pas non plus absous de sa haine jurée au dieu du vin. Bacchus le rendit si furieux que, hors de lui, il tua son fils, et se coupa les jambes, croyant tailler les ceps de sa vigne.

Nous avons dit les bienfaits et les vengeances de ce Dieu; disons maintenant comment il est représenté.

Tantôt c'est un vieillard, la tête couronnée de pampre, un thyrse en main, assis sur un tonneau.

Tantôt c'est un jeune homme dont la figure lascive atteste la joie qui préside à ses fêtes.

Tantôt c'est un enfant nu, dans les bras de Pan, ou sur les épaules de Silène.

D'autres fois il est monté sur un char, traîné par des lions ou des panthères. Il a aussi des sacrifices dont les victimes ordinaires sont le bouc destructeur des bourgeons, et la pie, symbole de l'indiscrétion des buveurs.

MARS ET BELLONE.

De même que Minerve est fille merveilleuse du cerveau de Jupiter, Mars, à son tour, est un prodige de conception nouvelle; un fils de Junon seule, enfanté par attouchement de fleurs. Car c'est grâces aux conseils de Flore que sa mère lui doit l'être. Son éducation, confiée aux soins de Priape qui l'instruisit dans l'art de la danse et dans les exercices militaires, atteste son naturel belliqueux. C'est le dieu de la guerre; le casque, le bouclier, la lance et l'épée, ce sont ses attributs; les combats ses plaisirs; toujours marche avec lui sa sœur ou sa femme, la sanguinaire Bellone.

Il serait assez conséquent que Mars, le dieu guerrier, celui-là même qui préside aux batailles, ne succombât jamais; et pourtant toute la valeur qu'il déploya dans la guerre des géans, ne put le sauver des bras des terribles enfans d'Aloüs qui l'enchaînèrent dans une prison d'airain: Mercure l'en délivra. Et comment se figurer aussi qu'un dieu ne soit point invulnérable! qu'un dieu surtout tel que Mars, soit accessible aux traits meurtriers, et de qui? d'un mortel! Lisez Homère! c'est lui qui nous apprend que, sous les murs de Troie, Mars fut blessé par le fils de Tydée, Diomède, dont Minerve, il est vrai, avait dirigé le trait.

L'amour sut amollir le cœur dur et féroce de Mars. Il aima Vénus, épouse de Vulcain, et obtint ses faveurs. Alectryon, son favori, devait par ses ordres, protéger son intrigue contre toute découverte. Il fut un jour en défaut, et, pour les avoir laissé surprendre, il fut changé en coq. De là vient que cet oiseau est consacré au dieu des combats, comme signe d'une vigilance indispensable au métier des armes.

Il soutint devant le conseil des dieux réunis, une accusation fameuse intentée contre lui comme meurtrier d'Halirrhothius, ravisseur de sa fille Alcippe. Il en sortit vainqueur, et la colline attique où se tint cette assemblée céleste prit, du nom de Mars (en grec Arès) le nom d'Aréopage, et devint le siége d'un célèbre tribunal d'Athènes, ainsi dénommé.

Pour compléter l'esquisse de ce dieu, il nous reste à peindre les traits caractéristiques de ses fonctions. Colardeau, mieux que nous, le dira dans ses vers :

> . . . . Mars est représenté
> Poussant dans les combats son char ensanglanté.
> Son front, cruel et sombre, annonce le carnage ;
> La Mort, l'affreuse Mort, l'Epouvante, la Rage
> Précèdent ses coursiers écumans et fougueux.
> Sur son casque de fer, un dragon tortueux
> Semble vomir au loin la flamme et la fumée.
> Autour du Dieu sanglant vole la renommée ;
> Sa détestable sœur, Bellone, à ses côtés,
> Marche, s'élance, court à pas précipités,
> Et, secouant les feux de sa torche infernale,
> De son barbare frère est la digne rivale.
> Tous deux, d'un vain laurier se disputent l'honneur ;
> Bellone a plus de rage, et Mars plus de valeur.

VULCAIN.

Vulcain, que l'on prétend être l'unique fruit de l'hymen de Junon et de Jupiter, naquit horriblement difforme. A peine vit-il le jour, que son père le précipita dans le vague des airs, tant il fut choqué de sa laideur. Il y roula long-temps, et vint enfin se briser la cuisse sur un rocher de l'île de Lemnos, où il fixa son séjour et se construisit des forges immenses.

Les dons du génie rachetèrent en lui le défaut des grâces extérieures. Ce fût lui qui, le premier, enseigna l'art difficile de fondre et de façonner les métaux ; d'autres placent aussi ses arsenaux sous les voûtes de l'Etna. Avec lui travaillent les Cyclopes, Argès, Brontès et Stéropès, monstres aux bras forts et velus, qui n'ont qu'un œil énorme roulant au milieu du front sous un épais sourcil.

> L'un, tour-à-tour enferme et déchaîne les vents,
> L'autre plonge l'acier dans les flots frémissans ;
> L'autre, du fer rougi, tourne la masse ardente.
> L'Etna, tremblant, gémit sous l'enclume pesante,
> Et leurs bras vigoureux lèvent de lourds marteaux
> Qui tombent en cadence et domptent les métaux.
>
> Virg. Géorg. (Delille.)

Ainsi, en supposant au centre de l'Etna les ateliers des divers forgerons, s'est poétisée, dans le retentissement des fournaises et des enclumes, la fermentation des feux du volcan.

C'est Vulcain qui dirigeait les travaux des Cyclopes ; c'est lui qui façonnait la matière brute amollie sous leurs coups. Artiste ingénieux et malin, il s'inspira à son premier ouvrage par une idée de vengeance. Il imagina un trône d'or, emprisonnant par d'invisibles ressorts celui qui s'y plaçait. Il le destina à Junon, qui fut la dupe en effet de ce fallacieux présent.

On attribue à son art divin tous les chefs-d'œuvre de l'antiquité, les armures des dieux et des héros : mais sa principale fonction était de forger les foudres de Jupiter. Sur la demande de ce dieu irrité contre l'impie Prométhée qui venait de le tromper dans un sacrifice, et qui déjà s'était attiré sa colère en dérobant au char du soleil une étincelle de feu pour animer la première créature par lui faite du limon de la terre, Vulcain fit une femme, Pandore, que tous les dieux s'empressèrent d'embellir à l'envi. Jupiter, après lui avoir donné une boîte, avec ordre de la présenter à celui qui devait l'épouser, chargea son messager Mercure, de la conduire à Prométhée. Peu confiant dans les dieux qu'il savait ses ennemis, il refusa d'accepter et la femme et la boîte. Son frère Epiméthée, beaucoup moins prudent, épousa Pandore, ouvrit le fatal couvercle d'où s'échappèrent à l'instant tous les maux qui n'ont cessé de désoler la terre.

Mais le père des dieux, outré du refus de Prométhée, le fit attacher sur un rocher du Caucase, où un vautour devait lui dévorer les entrailles pendant trente mille ans. Hercule le délivra.

Vulcain épousa Vénus; mais les infidélités de cette déesse l'en firent plus d'une fois repentir.

Il passait pour le dieu du feu; et, dans le langage figuré, on le prend pour le feu lui-même. Athènes et Rome lui rendaient des honneurs particuliers. Dans les sacrifices, les victimes qu'on lui offrait étaient entièrement consumées, contre l'usage habituel où l'on était de conserver quelque portion de l'animal pour le festin sacré. Sans doute voulait-on expliquer par cette consomption totale la puissance infinie du feu.

Les statues de Vulcain le représentent avec un bonnet rond, la tête inondée de sueur, la poitrine chevelue et haletante, et dans les mains les outils de son art. Pendant huit jours entiers, les Romains célébraient en son honneur des fêtes appelées Vulcanales.

VÉNUS.

« Vénus !.... point de divinité plus sensible, plus
belle, et nous pouvons dire plus puissante. Vénus,
avec l'Amour, son fils, c'est dans le langage, à part la
mythologie, le feu toujours fervent des passions,
l'attraction réciproque des êtres, l'âme vivifiante du
monde.

« Et d'où vient-elle donc cette déesse des voluptés,
cette cause première, ce principe déifié de tout ce
qui a vie? Si nous écoutons Homère, elle est fille
de Dioné et de Jupiter. Voulons-nous en croire Hésiode, elle naquit de l'écume de la mer, mêlée au
sang de la plaie du vieux Cœlus. Alors, du sein
des ondes, les poètes nous la représentent à son hu-
mide berceau, sortant avec le cortége des Grâces et
des Ris, et transportée par les Tritons dans les bos-
quets de Cythère où les Heures l'instruisirent.

« A son entrée dans l'Olympe, vers elle se concen-
tra un regard universel, un élan de ravissement.
Les déesses frémirent : elles comprirent leur défaite sur ce front d'ineffable beauté; déjà Vénus
avait tous les cœurs. Jupiter, le premier, lui offri-
de partager un amour qu'elle dédaigna. Pour s'en
venger, le maître des dieux lui imposa comme
époux le laid, le robuste, le boiteux Vulcain. Vénus, belle et délicate, avec Vulcain hideux et fort
c'est la beauté unie à la force, c'est une alliance
sans harmonie ; elle est incompatible dans Vénus
et Vulcain, parce que le laid y choque évidemment
le beau, parce que le fort y heurte ouvertement le

faible, qu'il y a lutte vivante entre des qualités opposées, contrainte, et dès-lors répulsion. Ainsi, entre ces deux époux, nul entraînement, nulle alliance : les droits de la force dominent, la fusion de cœur n'est pas. Vulcain voit une épouse résignée, et Mars voit une amante lui sourire ; Mars avec elle, père de Cupidon, tous deux surpris par le dieu jaloux qui les enlaça dans des réseaux d'or pour les exposer à la risée des autres dieux.

Et mal lui advint de cette méchanceté d'époux. Les intrigues furent plus secrètes, les infidélités plus nombreuses. Un des héros de la vengeance fut Mercure, par qui Vénus devint mère de cet Hermaphrodite si éperdûment aimé de la nymphe Salmacis, que les dieux consentirent à les confondre tous deux en un même corps, sans rien leur ôter de leur marque distinctive : équivoque beauté qui se perpétua sous le nom d'Androgyne.

Aussi inconstante amante qu'infidèle épouse, Vénus ne laissa pas long-temps Mercure unique possesseur de ses charmes. Neptune lui tendit ses bras amoureux ; elle s'y jeta un moment pour accueillir bientôt après Bacchus, ce dieu de vineuse gaîté, père du libertin Priape ; et d'autres encore que cette capricieuse déesse délaissa sans peine pour de simples mortels. Car c'est elle qui, sur les bords du Simoïs, conçut d'Anchise, le pieux héros troyen Énée, dont la divine naissance appuie la prétentieuse origine de Rome. C'est elle encore qui aima le bel Adonis ; et quelle passion brûla jamais de plus de feux ? Quelles affectueuses tendresses pour le sauver des périls où l'exposait la chasse des bêtes fauves. Et quels flots d'indicible douleur lorsqu'il vint, ce mal tant de fois pressenti, lorsqu'elle vit ce corps de suave blancheur meurtri par la dent d'un sanglier furieux, et que, la bouche collée à ses lèvres mourantes, elle sentit qu'il n'était plus ! Dans son désespoir, elle ne voulut pas le perdre tout entier, et ses restes inanimés furent changés en anémone.

Ainsi, toujours volage, toujours substituant un dieu à un mortel, Vénus, la plus belle des divinités, serait peut-être à nos yeux la plus immorale, si l'allégorie ne justifiait cette immoralité. Car tout est image dans Vénus ; c'est l'idée en figure du monde procréant. Vénus avec Mars, c'est l'instinct générateur au sein de l'empyrée ; Vénus avec Neptune, c'est l'emblême de la fécondité sous l'abîme des mers ; Vénus avec Adonis, même sensation de volupté sur la terre, partout, au plus profond des forêts.

Et les voilà, en reprenant notre langue mythologique, ces causes de tant d'erreurs contre la foi conjugale, erreurs qui se pardonnèrent sans peine ; car Vénus avait une admirable ceinture, talisman de pouvoir infaillible : par elle les femmes s'embellissaient de grâces et de vertu ; par elle s'enflammaient les cœurs les plus sensibles ; elle s'en para aux yeux de son hideux époux, dont la froide jalousie s'absorba dans l'ardeur d'une passion renaissante. Et sans doute elle ne l'oublia pas non plus, cette étonnante parure, lorsqu'elle se présenta aux yeux du berger Pâris qui lui décerna le prix de la beauté sur Pallas et Junon.

Celle qui fut tant de fois sensible pouvait-elle n'avoir qu'un œil sec, qu'une oreille indifférente pour l'amant désespéré? Hippomène l'implore, et par elle il obtient Atalante : princesse dédaigneuse des vœux d'une foule d'importuns, confiante dans une extrême vélocité, Atalante ne consent à donner son cœur qu'à celui-là seul qui pourra la vaincre à la course. Secondé par Vénus, qui lui donne trois pommes d'or cueillies au jardin des Hespérides, Hippomène, au milieu de la course, par trois fois les sème devant les pas d'Atalante qui trois fois s'arrête et trois fois les ramasse. Hippomène se hâte, et le but est atteint. Athlète couronné par l'amour et la victoire, il conduit son épouse au temple de Cybèle. Là, tous deux oublient la majesté du saint lieu : ils le profanent, et la mère des dieux les métamorphose en lions.

Et comment comprendre, si ce n'est dans le sens physiologique, ces fureurs dont Vénus enflamma les cavales de Glaucus? Dans leur rage délirante, elles s'arrachèrent leur maître en lambeaux. Insensé qui, supputant sur leur agilité, frustra long-temps leurs amoureux transports, et fut enfin victime des éclats de leurs feux.

Amathonte, Paphos, Cythère, Gnide et Idalie, en élevant des temples ouverts à la prostitution publique, crurent honorer dignement la déesse des voluptés, et, chez des peuples libertins, de spécieux hommages consacrèrent les plus honteuses débauches.

On lui donne pour compagnes habituelles les trois Grâces, Thalie, Aglaé et Euphrosyne, nymphes toujours amies, toujours aussi décentes que belles, qu'on représente souvent au milieu des danses, les bras réciproquement enlacés autour de leurs épaules demi-nues.

L'AMOUR OU CUPIDON.

La naissance de l'Amour s'est diversifiée dans la logique du philosophe et dans l'imagination du poète. La raison voulait qu'il fût né avant les autres créatures ; car, pour être conséquent avec l'esprit de ce dieu, qui n'est autre que l'éveil de la passion, du sentiment générateur, on a figuré que, dans le principe, la Nuit pondit un œuf d'où sortit l'Amour qui, par une union avec le Chaos, donna naissance aux premiers êtres. Mais cette idée, par laquelle on fit effort pour expliquer la génération lointaine et cachée du monde à son début, ne porta pas préjudice à l'existence du fils de Mars et de Vénus. Deux Amours furent reconnus dans l'opinion commune : le premier, dont nous venons de parler ; et le second, petit dieu aimable et malin qu'on nomme Cupidon.

Enfant destiné à être le tourment du monde entier, Jupiter le proscrit à sa naissance. Du berceau il passe dans les forêts où les bêtes féroces le nourrissent de leur lait. Là, il se fait un arc et des flèches qu'il essaie contre les animaux. Sûr de sa force et de son adresse, il reparaît, échange ses armes de frêne contre un carquois d'or, et infeste de ses traits empoisonnés le cœur des dieux et des hommes.

Il a des ailes, emblêmes de l'inconstance. Le rire est sur ses lèvres, mais ce rire malin qui atteste la joie des maux dont il est l'auteur; car il est puissant, et même plus puissant que tout autre dieu : nul ne peut lui résister, ni le maître de la foudre, ni sa mère elle-même, souvent victime de ses traits et de ses caprices. Un jour qu'ils erraient tous deux en un pré tapissé de fleurs, il prétendit faire, en certain espace de temps, plus ample moisson de fleurs que sa mère. Le perfide ! il comptait sur l'agilité de ses ailes; mais la nymphe Péristère vint tout à coup à l'aide de sa mère, et la victoire était pour elle, lorsque ce méchant enfant changea la nymphe en colombe. De là vient que cet oiseau est consacré à Vénus.

Sans doute, se dira-t-on, celui qui dominait les cœurs d'autrui avec si haute puissance, celui qui les rendait, à son caprice, ou froids ou passionnés, eut assez d'empire sur lui-même pour ne rendre jamais son cœur aimant.

Il succomba sous ses propres armes, et fut épris de Psyché, jeune princesse que ses parens, sur la réponse de l'oracle qui lui destinait un époux immortel, conduisirent sur les bords d'un précipice, d'où Zéphyre, par ordre de Cupidon, la transporta dans un palais enchanté. Là, son époux la visitait dans l'obscurité, et s'éloignait au premier point du jour, en lui recommandant de ne point désirer le voir. Vaincue par la curiosité, et toujours sous l'impression de la réponse de l'oracle, Psyché, une certaine nuit, pendant que son amant sommeille à ses côtés, se lève et, d'un pas furtif, revient une lampe à la main, surprendre les traits de l'objet invisible. La lampe vacille entre ses doigts tremblans; une goutte d'huile tombe, et l'Amour éveillé s'enfuit. La défiance fit son malheur. Tourmentée par Vénus, jalouse de ce qu'elle avait subjugué son fils par ses charmes, elle fut condamnée à plusieurs travaux qu'elle surmonta à l'aide d'un pouvoir inconnu. Le dernier l'eût fait succomber, sans le secours de Cupidon.

La déesse l'avait forcée, pour obtenir sa grâce, d'aller trouver Proserpine et de l'engager à mettre en une boîte une partie de sa beauté. Psyché avait obtenu cette faveur, lorsque la curiosité la perdit de nouveau. Alors son amant, désespéré, pria Jupiter d'assembler les dieux, qui décrétèrent entre eux que Vénus consentirait au mariage des deux époux, et que Mercure, à cet effet, enlèverait la princesse au ciel. Ainsi Psyché fut accueillie des dieux, et gratifiée de l'immortalité.

NEPTUNE.

Dans le partage du monde, divisé en trois grandes souverainetés, l'empire des mers échut à Neptune, second fils de Saturne et de Tithéa. Sur un char formé d'une conque blanchâtre, il est traîné par des chevaux marins, tenant en main un trident ou scep-

tre à trois pointes, à l'aide duquel il calme et soulève les flots au gré de son caprice.

Après avoir puissamment secondé son père dans la
guerre des Géans, de concert avec Minerve et Junon,
il conspira contre lui. Ce fut alors qu'avec Apollon,
pareillement fugitif, il se rendit chez Laomédon pour
lui offrir ses secours lors de la reconstruction des
murailles de Troie.

Nous avons déjà vu Neptune contester à Minerve
le droit de nommer la ville d'Athènes. Pareille lutte
s'éleva entre eux au sujet de la ville de Trézène;
mais Jupiter concilia le différend en déclarant son
frère roi de Trézène, et en donnant à sa fille le
nom de Polias, c'est-à-dire protectrice des mêmes
murs. Apollon lui disputa la suprématie de Corin-
he. Au jugement du cyclope Briarée, qui fut
choisi pour arbitre, l'isthme fut accordé à Neptune, et le dieu de la lumière resta maître du
promontoire.

Une foule innombrable de divinités peuple le
vaste empire des mers. Téthys, sœur et femme de
l'Océan, fut mère de Nérée et de Doris, qui s'uni-
rent ensemble et donnèrent le jour aux cinquante
nymphes de la mer, appelées Néréides. La plus belle
était Thétis, que Jupiter eût épousée, si l'oracle ne
l'eût prévenu que le fils dont elle serait mère serait
plus puissant que son père. Cette même crainte
éloigna d'elle plusieurs autres dieux, et elle fut
réduite à épouser un simple mortel, Pélée, père de
nombreux enfans, parmi lesquels se distingue
Achille.

La plupart des divinités de la mer sont représen-
tées avec un buste d'homme, terminé, dans la partie
inférieure, par un corps de poisson; tel était Triton
qui, toujours armé d'une conque en guise de trom-
pette, précédait le char de son père Neptune. Sous
son nom se confondent mille autres dieux de nature semblable.

Tous ces êtres informes, ces monstrueux poissons
qui peuplent les abîmes des eaux, formaient dans la
mythologie comme un immense troupeau dont Neptune était le souverain maître. Il en avait confié la
garde au vieux pasteur Protée qui reçut, en récompense de ses services le don de prophétie. Aristée le consulta, d'après les conseils de sa mère,
pour connaître par quels moyens secrets il devait
réparer la perte de ses abeilles.

> Les Nymphes, les Tritons, tous, jusqu'au vieux Nérée,
> Respectent de ce Dieu la puissance sacrée ;
> Ses regards pénétrans, son vaste souvenir
> Embrassent le présent, le passé, l'avenir ;
> Précieuse faveur du Dieu puissant des ondes,
> Dont il paît les troupeaux dans les plaines profondes,
> Par lui tu connaîtras d'où naissent tes revers,
> Mais il faut qu'on l'y force, en le chargeant de fers.
> On a beau l'implorer : son cœur, sourd à la plainte,
> Résiste à la prière et cède à la contrainte. (DELILLE.)

Il est encore d'autres divinités qui ne sont point
originaires de la mer, mais qu'une métamorphose
méritée condamne à vivre dans cet élément nouveau. Devin célèbre et, première des déités subal-
ternes de la mer, Glaucus n'était d'abord qu'un
simple pêcheur. Voyant un jour des poissons, qu'il
étendait sur le gazon, se ranimer d'une force nou-

velle, et se précipiter soudain dans les eaux, il comprit que cette herbe devait être douée d'une certaine vertu : il voulut l'essayer sur lui-même. A peine en eut-il goûté qu'il s'élança dans l'onde, où il fut changé en dieu marin.

La mer avait aussi ses Muses : filles du fleuve Achéloüs et de Calliope, c'étaient les Sirènes, moitié femmes et moitié oiseaux, habitantes des rochers voisins de la Sicile. Leur voix séduisante attirait les navigateurs, qu'elles engloutissaient sous les flots. Mais leur existence fut subordonnée à leur pouvoir : l'oracle avait annoncé leur perte, si jamais un seul passager parvenait à rester insensible aux charmes de leur voix. Pour ne point succomber, Ulysse se fit attacher au mât du vaisseau, et ordonna à ses compagnons de se boucher les oreilles avec de la cire : devant elles, il passa triomphant ; et, de dépit, ces perfides enchanteresses brisèrent leur lyre, et se précipitèrent au fond des eaux.

Mais toutes ces prétendues Sirènes n'étaient autres que des rochers invisibles, autour desquels l'onde tournoyante, avec un murmure retentissant, entraînait les vaisseaux et les absorbait en des gouffres profonds. Telles étaient pareillement Charybde et Scylla, écueils d'une proximité si funeste, qu'on ne pouvait éviter l'un, sans échouer dans l'autre. Charybde, nous dit la fable, était une femme errante sur les côtes de la Sicile. Elle déroba les bœufs d'Hercule ; en punition de ce vol, elle fut frappée de la foudre, et changée en déesse de la mer. Même rapport sur Scylla, qui fut une nymphe de beauté ravissante. Glaucus l'aima, et, pour se venger de l'insensible, il eut recours à la magicienne Circé qui empoisonna la fontaine où la nymphe avait coutume de se baigner. A peine eut-elle touché l'onde fatale, qu'elle fut changée en un monstre à six têtes, armé de douze griffes : à la ceinture de son corps s'agitaient une foule de chiens qui, par leurs aboiemens continuels, épouvantaient les passagers.

Après Jupiter, Neptune était regardé comme le plus puissant des dieux. Il n'est point de peuple qui ne lui adressât un culte solennel. Les Grecs célébraient en son honneur les jeux Isthmiques, et les Romains les fêtes Consuales. Le bœuf et le cheval lui étaient ordinairement immolés, et les devins lui consacraient le fiel des victimes dont l'âcreté avait quelque chose d'analogue avec l'amertume de la mer.

Neptune eut de nombreuses amours ; mais la nymphe qu'il choisit pour épouse fut Amphitrite. Elle résista long-temps à sa tendresse ; cependant elle consentit à devenir la reine des mers, sur les pressantes invitations d'un dauphin que le dieu, par reconnaissance, plaça au rang des astres.

ÉOLE.

Éole, que les uns disent fils d'Hippotas, d'autres rejeton de Jupiter, régnait sur les îles de la Méditerranée qui, de son nom, furent nommées Éolies. C'est à Junon, nous dit Virgile, qu'il dut la souveraineté des vents. Lui seul en est l'arbitre absolu ; il les tient renfermés dans des grottes profondes, et d'un revers de son sceptre il ouvre la barrière à leur fougue impétueuse.

Ces vents, selon la direction diverse d'où ils partent, prennent chacun un nom différent. Au nord, c'est Borée, ravisseur d'Orithyie, fille du roi d'Athènes, Erechthée ; au sud, c'est l'Auster ou le pluvieux Notus ; à l'ouest, le doux Zéphyre ; et d'autres encore, tels que l'Eurus et le Caurus.

Eole eut plusieurs enfans : deux surtout fort connus : Mélanippe, dont les intrigues secrètes avec Neptune, excitèrent la barbarie de son père jusqu'à la jeter dans les fers après lui avoir crevé les yeux ; Alcyone, dont la douleur excessive sur la mort de Céyx, son époux naufragé, força Neptune à les changer tous deux en alcyons (martins-pêcheurs).

Pour terminer notre récit sur Eole, disons que ce dieu est représenté assis sur un nuage, au milieu de tous les vents, et que la couronne et le sceptre forment les attributs de son pouvoir.

PLUTON.

Il est un lieu vaste, obscur et souterrain que partagent diverses régions, séjour dernier de ceux qui ne sont plus : c'est le royaume des enfers que Pluton, cet impitoyable souverain, régit de son sceptre à deux dents. Monarque trop sombre pour qu'une jeune épouse pût accepter de cœur son trône et sa couronne d'ébène, il fut réduit, dans son désespoir, à un acte de violence. Proserpine ravie fut proclamée, au jugement du maître des Dieux, épouse de Pluton et reine des Enfers. Là, elle devint l'arbitre de la vie des mortels, et telle y fut sa puissance, que nul ne pouvait mourir, si Proserpine n'avait coupé le cheveu fatal duquel dépendaient ses jours.

Avant que de nous étendre sur aucune autre divinité de l'Enfer, avant que de parcourir tous les réceptacles de la mort, il nous faut dire de quel pouvoir chez les anciens relève toute entière l'existence humaine. Selon la fable, le cours de la vie est comme un long fil déroulé d'un fuseau fatal. Trois inflexibles sœurs, Clotho, Atropos et Lachésis, ou, pour les résumer en un seul terme, les trois Parques forment, pour ainsi dire, le conseil qui dispense les jours des mortels. Chacune a sa tâche respective dans ce grand travail opérateur de la vie. Clotho tient la quenouille, Lachésis déroule le fil, Atropos le tranche; et dès ce moment plus d'existence. Alors l'âme descend dans ces lieux de ténèbres, connus sous les noms ordinaires de Tartare, d'Élysée, ou sous la dénomination plus générale encore des Enfers.

Au sein de ces abîmes profonds où tout va finir, tout ne se confond pas : quatre parties bien distinctes s'y trouvent formées par cinq fleuves : le Styx qui se replie neuf fois autour des Enfers, et par lequel les Dieux juraient d'un inviolable serment; le Cocythe aux exhalaisons fétides; le Phlégéthon roulant des flots de flammes; l'Achéron, autrefois fils du Soleil et de la Terre, métamorphosé en fleuve pour avoir fourni de l'eau aux Titans armés contre les Dieux ; et le Léthé, enfin, où les morts qui doivent revenir à la vie boivent l'oubli du passé.

La première région se nomme l'Erèbe, réceptacle impur où siégent les trois furies, Mégère, Alecto et Tisiphone ; les Euménides, Némésis à leur tête, ces vengeresses des crimes, à la chevelure de serpens, secouant sur les coupables leurs torches et leurs fouets ensanglantés ; la Mort, au squelette armé d'une faulx, et ce chien à triple tête, cet aboyant Cerbère, gardien du sombre empire. Là, dans leurs palais somptueux, résident les Songes et le Sommeil, avec ses trois enfans : Morphée qui toujours s'assoupit ; Phobétor qui jette l'épouvante au sein du repos ; et Phautase qui, dans les corps sommeillans, alimente les rêves de l'imagination. Là, sur les bords du Styx, errent pendant cent ans les âmes dont les corps n'ont point reçu de sépulture ; de là, après le temps expiré, le vieux Caron, le nocher de cette onde, les transporte sur sa barque aux pieds de leurs juges, Minos, Éaque et Rhadamante, tous trois fils de Jupiter, jadis rois incorruptibles, qui, par une haute et sévère équité, ont mérité de siéger après leur mort au tribunal des Enfers. Alors ces infaillibles appréciateurs de la vie passée assignent à chaque âme la place qui, d'après sa conduite antérieure, lui est dévolue dans ces lieux suprêmes.

Dans la seconde région, à l'enfer des méchans, est relégué tout ce qu'il y eut sur la terre de criminel et d'infâme. On n'y entend que pleurs, que

lamentables cris ; on n'y voit que tortures et souffrances. Là, vainement empressées à remplir un
tonneau sans fond, les Danaïdes expient par d'inépui-
sables efforts le meurtre de leurs époux. Criminelle
famille, forte de cinquante filles qui, toutes, Hy-
permnestre seule exceptée, le soir même de leur
hymen avec les fils d'Egyptus, dans la couche nuptiale, sous le poignard dont leur père Danaüs avait
armé leurs mains, rompirent des nœuds forcément
contractés.

Plus loin, dans une rotation perpétuelle, s'agite
sur une roue mobile, Ixion qui voulut aspirer à
l'amour de la reine des Dieux, et se vanta d'avoir
souillé l'honneur de Jupiter.

A ses côtés, Phlégyas, dont le désespoir lança des
tisons incendiaires au temple d'Apollon, pour punir
le dieu de l'outrage fait à sa fille, tremble d'une
incessante frayeur, l'œil fixé sur une masse prête à
s'écrouler sur lui.

Tout près de Salmonée, insensé rival des dieux,
qui fit trembler l'Elide au bruit de son tonnerre fic-
tif, travaille sans repos Sisyphe, brigand inouï qui,
parmi tant d'autres forfaits, écrasait les voyageurs
sous des monceaux de pierres, qui osa même, sous
les yeux de Pluton, enchaîner la mort avec des liens
de diamans. On le voit poussant avec efforts, au
sommet d'une montagne, un énorme roc qui, à peine
à son but, retombe avec violence.

Tantale, dont l'infanticide barbarie ne recula pas
devant le festin où il fit servir aux dieux ses convives, les membres de son fils Pélops, souffre à jamais

d'une faim dévorante, d'une soif inextinguible. Il est
là, au milieu d'un étang, aspirant les flots qui fuient
de ses lèvres entr'ouvertes. Des branches chargées
de fruits pendent sur son front et, loin de ses bras
étendus, échappent les rameaux repliés en arrière.
Allégorique tableau de la passion qui désire et qui
a, qui possède et ne jouit pas, parfaite image de
l'avare agonisant sur son or entassé!

Un autre enfin, sous le bec d'un vautour qui ronge
sans relâche son foie toujours renaissant, nous figure le remord au cœur du coupable; c'est Titye,
prodigieux enfant de la Terre, qui tenta sur Latone
d'impudiques outrages; il s'épuise dans les convul-
sions d'une douleur éternelle, et sa vaste corpulence
s'alonge sur neuf arpens entiers.

Le Tartare proprement dit compose la troisième
région des enfers. Prison plus profondément creusée
sous la terre, que la terre elle-même n'est éloignée
du ciel, il est ceint d'un triple rempart de murailles
d'airain, aux pieds desquelles le Phlégéthon promène
ses ondes de feu. C'est là que la foudre de Jupiter
relègue les révoltés des cieux.

Enfin, au-delà du Tartare se place la dernière
région, asile fortuné des âmes vertueuses. C'est
l'Elysée. Là, plus de cris, plus de souffrances cor-
rosives : mais les ris, les larmes de joie, les sou-
pirs d'amour, les plaisirs et les jeux qu'on aima dans
la vie. Au milieu de ces champs, dont l'air se purifie
sans cesse au doux parfum des fleurs, sont tous les
héros et ces grands hommes qui signalèrent leur
existence par quelque rare vertu : le bonheur qui

sur la terre échappa peut-être à leur vie sage et utile, accompagne à jamais en ces lieux de délices leurs ombres fortunées.

Dans l'antiquité, une vénération profonde s'atachait toujours à l'idée de la mort. Un corps sans inhumation était chose impie. On croyait qu'aux restes inanimés présidaient certaines divinités, les dieux Mânes, sous le nom desquels se sont confondues quelquefois les ombres mêmes des morts. On les regardait comme d'implacables vengeurs des injures reçues : aussi prenait-on soin de les adoucir, en leur offrant des libations expiatoires.

Et telle était la religieuse horreur inspirée par la divinité du grand dieu des morts, que nul temple, nul chant ne lui étaient consacrés. Cependant on lui adressait des hommages ; un ensemble lugubre présidait à ces fêtes funéraires : c'était la nuit même, dans le silence, qu'on immolait à ce Dieu et à son épouse des brebis ou des taureaux noirs, dont le sang s'épanchait dans des fosses.

Quelqu'inflexible qu'on nous peigne Pluton, quelque terrible que fût Cerbère, son fabuleux portier, et quelqu'irrévocable que soit l'arrêt du trépas, si nous en croyons les prodiges de la mythologie, des héros ont pu franchir vivans les barrières infernales, les uns par leur audace, les autres par leur talent. Témoins Thésée et Pirithoüs, qui voulurent ravir la femme de Pluton ; Sisyphe, qui avait obtenu de retourner sur la terre pour y punir sa femme de l'avoir, à sa demande, laissé sans sépulture ; Orphée, dont les accens suaves enchaînèrent les dieux des morts, et suspendirent quelques momens les supplices des coupables; époux infortuné qui venait redemander une épouse trop tôt perdue par les poursuites d'Aristée. Il l'obtenait de Proserpine, sous la condition qu'Eurydice le suivrait, sans qu'il ne pût la voir qu'aux portes mêmes du jour : impatient d'amour, il se tourne, et d'un regard prématuré anéantit tout son bonheur. Car Eurydice fut à jamais replongée aux lieux qu'elle venait de quitter.

VESTA.

Vesta, l'une des plus vieilles et des plus grandes divinités de l'antiquité, ne doit pas être confondue avec l'épouse de Saturne, connue aussi sous le même nom : elle en est la fille. On l'adora, comme la déesse tutélaire de Rome. Son culte, originaire de l'Orient, y fut établi par Numa Pompilius qui lui bâtit un temple où les hommes ne pouvaient pénétrer. C'est en son honneur que fut institué le feu sacré qui devait, sans interruption, brûler sur ses autels. La garde en était confiée à des prêtresses dénommées *Vestales*, du nom de Vesta. Trente ans, au milieu d'une chasteté absolue, elles étaient vouées à ce grand culte. Malheur à celle qui manquait à son vœu de virginité! malheur à celle dont la sacrilége négligence venait à laisser sans aliment le mystique foyer! La flamme ne pouvait se rallumer qu'aux rayons du soleil, ou, selon Festus, à l'aide de deux fragmens de bois violemment frottés l'un contre l'autre. Quant à la vestale infidèle ou négligente, elle était ensevelie vivante, non pas, à mon sens, que ce fût une sépulture véritable, qu'il y eût anéantissement réel d'un corps vif sous un amas de terre; j'aime mieux donner une interprétation plus humaine à cet horrible supplice, et croire que la victime était descendue au fond d'un caveau souterrain où, à la lueur d'une lampe, se traînait, avec quelques faibles alimens, sa funéraire existence.

DIVINITÉS INFÉRIEURES.

Maintenant qu'elles nous sont connues toutes ces divinités qui, du haut de leur pouvoir, dominent l'univers dans son entier, qui formulent en elles-mêmes tout un élément, tout un principe, toute une cause première de la nature; maintenant que nous avons revisé dans le monde mythologique ses puissances spéciales et régissantes, de cet ensemble passons aux parties, et sachons sous quelles divinités inférieures ont été placées les choses d'ici-bas.

Chez les anciens, la terre, proprement dite, avait son génie, Démogorgon. Le jour, qui l'éclaire, se divinisait à son lever dans cette nymphe svelte et aérienne qu'on nomme Aurore. Elle aima un jeune prince troyen, Tithon, qui, grâces aux prières de son amante, reçut des dieux l'immortalité; mais qui lui-même, à son extrême vieillesse, implora une métamorphose en cigale, tant lui était à charge sa longue décrépitude.

Les prairies, les fleuves et les montagnes se peuplaient avec la fable de nymphes et de dieux protecteurs. Dans cette troupe innombrable de déités, créées comme surveillantes de l'empire des champs, les principales sont Pan et Faune. Pan, chez les Grecs, d'origine diverse ; Faune, en Italie, issu de Picus, d'un vieux roi du Latium ; tous deux réunissant dans un corps humain les pieds de la chèvre et les cornes du bouc ; tous deux avec des mœurs agrestes et libertines. Faune, cependant, épousa Canente, appelée de son nom Fauna, qui reçut de lui le don de prophétie et devint non moins célèbre par sa pudicité que par son penchant à l'ivresse. Après eux viennent, pour ainsi dire, leurs sujets, comme eux avec une tête surmontée de cornes de bouc et le reste du corps terminé en forme de chèvre ; les Silènes et les Sylvains, protecteurs des forêts, et les compagnons des orgies de Bacchus ; les Satyres hideux sous le poil qui les couvre, et attestant leur débauche par leur démarche lascive, tous conservant, sous leur nom générique, le nom de l'auteur dont ils descendent.

Priape, dieu du libertinage, était aussi le dieu des jardins. A Rome, son culte était en assez grande vénération ; car ses statues se plaçaient dans les maisons de plaisance.

Le domaine des vergers était à Féronie, dont les prêtres marchaient pieds nus et sans douleur sur des tisons ardens.

Palès était tout à la fois déesse des pâturages, des troupeaux et des bergers. Dans ses fêtes, appelées Palilies , on l'invoquait en dansant autour de monceaux de paille embrasée.

Les fruits et les fleurs avaient aussi leur déité tutélaire : Pomone, épouse de Vertumne, dieu de l'automne , était déesse des fruits; Flore était reine des fleurs.

Il n'est pas même jusqu'aux travaux de la culture qui n'aient en leur divinité particulière. Ainsi s'agissait-il de purger de mauvaises herbes un champ ensemencé ? on invoquait Sarritor (*sarrere*, de sarcler); et le balayage des grains et la propreté des maisons se rattachait aux soins de Deverra (*verrere*, nettoyer).

De même que les prairies avaient pour génies bienfaitrices leurs Napées, les montagnes leurs Oréades , les fleuves leurs Naïades , les arbres avaient également leurs Dryades , nymphes figurées avec une tête de femme terminée par un tronc couvert d'écorce. L'existence de quelques-unes d'entre elles était totalement attachée à la conservation de l'arbre qu'elles protégeaient , et cette connexité de vie se spécifiait par le nom d'Hamadryades.

Toutes ces divinités, quoique inférieures, n'en avaient pas moins des droits aux honneurs publics ; et comme les autres , elles recevaient des sacrifices. En Sicile , surtout , on s'efforçait de les rendre propices en leur offrant des libations de lait et de miel, et quelquefois le sang d'une chèvre.

Si nous essayions de découvrir le point de raison qui fit éclore dans la religion païenne tant de figures déifiées sur tant d'objets, nous pourrions y sur-

prendre moins un sentiment de vénération gros-
sière, qu'une obligation, par crainte religieuse,
du respect à tout ce qui tient au domaine public et
privé. Ainsi, cette figure du dieu Terme, cette statue brute et pierreuse apposée aux bornes d'un
champ ou d'un chemin, n'est-ce pas l'idée symbo-
lisée qu'on doit s'abstenir d'avancer un pied illégal
sur la propriété voisine ? La sainteté de la famille,
la conservation du foyer domestique ne s'explique-
t-elle pas dans cette présidence des Lares et des Pénates, images de dieux en raccourci, placées dans
l'endroit le plus secret de la maison, honorées d'un
culte particulier, et célébrées dans les fêtes, appelées Compitales, du nom des carrefours où se dres-
saient leurs autels ? Les morts eux-mêmes, nous
l'avons déjà vu, étaient sous la surveillance des
dieux Mânes ; et la pensée seule de ces gardiens funéraires imprimait le respect des cendres et des tom-
beaux. Et les funérailles encore n'avaient-elles pas
pour patronne la déesse Libitine, dont le temple
servait, à Rome, d'archives mortuaires ?

Sachons donc, dans ces ingénieuses et étonnantes
créations de l'esprit païen, distinguer l'œuvre de religion, de morale et de poésie. Cette dernière surtout y a mis puissamment la main ; elle a elle-
même agrandi le cercle ; elle a fait divinité ce qui
n'était qu'affection humaine. La source était féconde,
et l'on en tira sans peine une famille nombreuse.

Avec elle la richesse devient dieu, et se consacre
sous le nom de Plutus. On le dit aveugle, parce
qu'il dispense au hasard ses faveurs. La Pauvreté se

couvrait de haillons, et on lui donnait pour enfans la Paresse et la Luxure.

La raillerie, c'est Momus, fils de la Nuit et du Sommeil, chargé d'égayer par ses bons mots les dieux de l'Olympe, trop caustique peut-être, car les dieux le chassèrent du ciel; mais ils le rappelèrent bientôt, tant leur ennui se ressentait de son absence. Le masque et la marotte, tels sont ses attributs.

La Justice, c'est Thémis; on la représente un bandeau sur les yeux, une balance dans une main et dans l'autre un glaive. Sa fille Astrée, qui habita la terre pendant la sécurité de l'âge d'or, remonta aux cieux pour fuir la corruption des humains.

Cômus, toujours ivre et le front couronné de fleurs, atteste le dieu de la joie, des festins, et des danses nocturnes. Sous les déguisemens et les masques se célébraient ses fêtes, la nuit, à la lueur des flambeaux. La divinité du silence est Muta; elle tient le doigt sur sa bouche en signe de discrétion, elle est la même que l'Harpocrate des Grecs.

La Discorde, avec les torches et les serpens qu'elle agite, exhale sur ses lèvres contractées la rage qu'elle souffle au cœur des hommes divisés. Quelquefois on la représente enfermée dans son temple, et rugissant sous des chaînes de fer.

L'Envie, à l'œil hagard, aux dents rongées de rouille et imprégnées des poisons dont elle se nourrit, exprime sur son teint maigre et jaunissant la souffrance qui la mine.

Squelette alongé, yeux caves, figure pâle et décharnée, telle nous est simulée la Faim, occupée dans un champ aride à déterrer de ses ongles longs et crochus quelques filamens de racines.

La Renommée a cent yeux, cent têtes et cent voix. Athènes et Rome lui avaient élevé des temples. La Victoire, couronnée de laurier, se plaçait sur un char triomphal ; la Paix tenait dans une main une branche d'olivier, dans l'autre une corne d'abondance, et sur son sein la statue de Plutus ; la Liberté était une femme vêtue de blanc ayant un sceptre brisé et une pique surmontée d'un bonnet : à ses pieds est un chat, ami de l'indépendance.

L'Occasion était aussi regardée comme déesse du moment favorable : on la représentait volant, sans se blesser, sur le tranchant d'un rasoir.

Et ce ne fut point assez de prêter une forme divine à tout ce qui n'était que cause physique, vice ou vertu, passion et sentiment, on en formula encore l'application ; on fit une morale sous les traits de l'allégorie religieuse.

Le modèle d'une généreuse humanité, suivie de sa juste récompense, se présente dans la prétendue hospitalité que Philémon et Baucis accordèrent à Jupiter et Mercure, devenus voyageurs. Dans leur village, les dieux, avant d'arriver jusqu'à eux, n'avaient éprouvé que dédain et refus. Jupiter noya tous ces êtres inhumains, et il récompensa les deux époux en accomplissant le vœu qu'ils avaient formé, de ne mourir qu'ensemble. Après une longue vieillesse, ils virent leur cabane se changer en un temple, et tous deux se métamorphosèrent au même instant, Philémon en chêne et Baucis en tilleul.

Les suites d'une funeste jalousie se révèlent par la fable de Céphale et de Procris.

Procris, soupçonnant la tendresse de son époux, qui chaque matin errait dans les bois, l'épia un jour cachée sous le feuillage. Elle vit en effet Céphale arriver ; elle l'entendit murmurer un son : la jalouse crut saisir le nom de quelqu'amante : dans un transport elle secoua le feuillage, et son malheureux époux, effrayé d'un bruit qui semblait lui déceler quelqu'animal placé sous les feuilles, y décocha un javelot inévitable, présent de Procris elle-même. Céphale la vit expirer, et de désespoir il se perça du même trait.

L'audace de Léandre qui seul, au milieu de la nuit, traversait un bras de mer, pour rejoindre son amante Héro, atteste la tendresse incalculable de l'amour. Elle s'explique encore dans Pyrame et Thisbé qui nous montrent combien la passion est au-dessus des obstacles et des dangers. Tous deux ils s'aimaient ; mais leurs parens, divisés d'intérêt, voulaient aussi diviser leur amour. A la faveur de la nuit, loin du toit paternel, ils devaient se rendre aux pieds des murs de la ville, sous un mûrier sauvage. Thisbé la première arrivait ; mais à la vue d'une lionne qui venait à elle, la gueule rouge de sang, elle fuit, et laisse tomber son voile qu'ensanglante l'animal furieux. Pyrame vient à son tour ; au lieu de son amante, il aperçoit son voile déchiré et rougi. Une présomption de mort le frappe, il se tue. Thisbé revient, et à l'aspect du cadavre, elle s'immole.

Cléobis et Biton nous personnifient la piété fi-
liale. Leur mère, prêtresse de Junon, était appelée
au temple pour accomplir une pompeuse cérémonie. Le char devait être traîné par des bœufs, et
point ne s'en trouva au moment désiré. Les deux
fils s'attelèrent au joug, et conduisirent leur mère
au lieu du sacrifice. Sur la demande de Cydippe,
qui pria Junon de reconnaître ce pieux service,
ses enfans s'endormirent dans le temple, et ce sommeil fut pour eux le dernier. La déesse voulut
prouver par là que la mort est tout ce qui peut
arriver de mieux aux mortels. On le crut, et des
statues leur furent élevées dans le temple de Delphes.

DEMI-DIEUX.

Devant nous, un autre ordre va s'ouvrir : ici
plus de divinités, à proprement parler, mais de
grands rejetons issus du sang mêlé des dieux et des
mortels ; personnages tout à la fois vrais et fabuleux, enfans d'une poétique apothéose, hommes,
quant à la forme, mais par le génie trop au dessus
de l'humanité pour ne pas exalter l'admiration
jusqu'à leur vouer un culte et des statues.

HERCULE.

Tandis qu'Amphytrion allait mériter la main
d'Alcmène, fille d'Electryon, roi de Mycènes, en
marchant contre les Thélobéens pour les punir d'avoir,

massacré les fils de ce prince, Jupiter prit la forme de ce héros, et vainqueur supposé, vint réclamer ses droits d'époux. De cette amoureuse supercherie naquit Hercule.

Le jour de sa naissance fut marqué par son père, qui le réservait à de hautes destinées, et l'appelait au trône de Mycènes. Mais Junon déjoua les projets de son suprême époux; elle retarda les couches d'Alcmène, pour avancer celles de la femme de Sténélus, son oncle. Cette princesse mit au monde Eurysthée, qu', sur la parole inviolable de Jupiter, devait être couronné roi de Mycènes. Deux mois après, au milieu des plus horribles souffrances, excitées par la vindicative Junon, Alcmène donna le jour à Hercule, que la déesse et son protégé Eurystée tourmentèrent sans relâche; car, encore au berceau, deux serpens sont suscités contre lui : il les étouffe sans peine. Enfant, il apprend de Castor l'art de la guerre, d'Eurytus le jet du javelot, d'Autolicus la conduite d'un char, de Linus la lyre, et d'Eumolpus le chant. Le centaure Chiron, son maître, le prépare par des exercices rigoureux, aux fatigues inouïes qui l'attendent; à dix-huit ans il tue Erginus, et affranchit les Thébains du tribut annuel de cent bœufs que ce roi de Mycènes leur avait imposé.

Mais par ces traits de valeur, il ne faisait encore que préluder à de plus rudes travaux. Il refusa d'abord les ordres impérieux d'Eurysthée et de Junon: et même après avoir consulté l'oracle de Delphes, qui lui annonça l'épreuve de douze grands travaux, couronnés par l'immortalité, il hésita encore : et au sein d'une profonde mélancolie, Junon le frappa tout-à-coup d'un éclat de fureur, dont il rendit victimes les enfans qu'il avait eus de Mégare, fille de Créon, roi de Thèbes. Au retour de la raison, un amer repentir l'entraîna loin des hommes. Il reparut cependant ; et tout entier aux ordres de ses ennemis, il accepta les chances de ses futures destinées.

Alors commencent ses glorieux exploits, dont le premier est la défaite du lion de Némée qui semait au loin l'épouvante et le carnage. Il en revêt la peau en signe de trophée, et marche contre l'hydre de Lerne, serpent à sept têtes, toujours renaissantes sous le coup qui les abat : reproduction fatale qui sans doute aurait épuisé la force du héros, s'il n'eût ordonné à son compagnon Iolas d'appliquer un fer ardent sur les chairs tranchées. Le moyen réussit, et toutes les têtes successivement abattues, il anéantit d'un seul coup l'épouvantable reptile dont le sang empoisonné sert à infecter ses flèches. De là il passe en Arcadie terrasser le sanglier du mont Erymanthe, le charge sur ses épaules, et l'apporte vivant au sein d'Argos. Sur les bords du Ménale, son agilité triomphe de la biche aux cornes d'or et aux pieds d'airain. A l'aide de ses flèches et d'un tambour aux cris aigus et perçans, il chasse les harpies, ces monstrueux oiseaux du lac Stymphale. Bientôt après, pour balayer les immondices amassées depuis nombre d'années dans les étables du roi Augias, il y jette les flots du Pénée dont il détourne le cours. Il saisit vivant un énorme taureau, suscité par la colère de Neptune pour désoler la Crète. A l'embouchure du Thermodon, il défie les Amazones, triomphe de leur reine Hippolyte dont il ravit la ceinture. Il va dans la Grèce affronter le tyran Diomède qui nourrissait ses cavales de la chair des voyageurs; il dompte ces animaux féroces, et les rassasie des membres de leur maître. Sous sa lourde massue tombe le roi de Gades Géryon au triple corps, dont il emmène les nombreux troupeaux. Il fait rouler à ses pieds les cent têtes toujours sifflantes du dragon aposté à la garde du jardin des Hespérides, et les pommes d'or deviennent sa conquête. Enfin, pour douzième et dernier travail, il descend aux enfers, délivre son ami Thésée que Pluton avait fixé sur une pierre dans une éternelle immobilité : de son bras nerveux il entraîne Cerbère hors du séjour des ombres, et l'expose une fois à la clarté du jour.

Et le héros ne borna pas sa valeur à l'accomplissement de tant d'épreuves imposées : il sut encore l'illustrer par le combat des Centaures, et la lutte du géant Antée, enfant prodigieux de la Terre qu'Hercule fut obligé d'étouffer en le soutenant dans l'air, parce que ses forces renaissaient toutes les fois qu'il retombait sur le sein de sa mère.

Et non moins célèbres, sont :

La mort de Busiris, dont la main sacrilège versait le sang humain aux autels de Jupiter; — la querelle avec Archéloüs, qui voulut lui disputer la main de Déjanire; — la délivrance d'Alceste, où le fils d'Alcmène, aux prises avec la mort même, attacha sa redoutable adversaire avec des chaînes de diamant, jusqu'à ce qu'elle eût rendu à la lumière la jeune Alceste, qui avait sacrifié sa vie pour son tendre époux Admète, roi de Thessalie; — et la victoire sur Cacus, enfin, sur cet insigne brigand issu de Vulcain, qu'il écrasa au fond de son hideux repaire tout obscurci des feux vomis par sa bouche.

Après ces longs et pénibles hauts-faits, le héros épris d'amour pour Iole, fille du roi d'OEchalie, abandonna sa malheureuse épouse Méléagre à son fils Iolas. Comme il n'obtenait pas promptement celle qu'il demandait, un nouveau délire égara sa raison : Iphitus en fut victime, le seul des enfans d'Eurytus qui secondât sa passion.

Purifié de ce meurtre, il se rendit à Delphes consulter l'oracle qui le condamna à un esclavage de trois ans. C'est alors que, vendu publiquement, il devient l'esclave d'Omphale, qui échange dans ses mains sa massue contre une quenouille. Mais cette reine de Lydie le met bientôt en liberté, en récompense des services qu'il rend à ses états par la destruction de nombreux brigands. Enfin, de retour dans la Grèce, il épouse Déjanire, sœur de Méléagre.

Lorsqu'il voulut la ramener dans sa patrie, le débordement du fleuve Evénus suspendit leur course. Le centaure Nessus lui offrit de transporter son épouse sur les bords opposés. A peine eut-il atteint l'autre rive qu'il voulut lui faire violence : Hercule l'arrêta dans son perfide complot en le perçant d'une flèche envenimée. Ce meurtre fit son malheur; car Nessus en expirant n'oublia pas le soin de se venger. Il remit à Déjanire sa tunique imprégnée d'un sang empoisonné, et la lui recommanda comme remède aux infidélités de son époux. Hercule, toujours passionné pour la jeune Iole, dont il se rendit maître après avoir immolé Eurytus, son père, et trois de ses enfans, gravit au sommet de l'OEta où il construisit un autel pour sacrifier à Jupiter. Sous prétexte de le parer pour cette pieuse cérémonie, Déjanire lui envoya l'infaillible tunique. Il s'en revêtit, et soudain le tissu, s'imprimant à son corps, dévora ses chairs. Au milieu des angoisses les plus brûlantes, des transports de rage et des imprécations vomies à torrent contre Déjanire, Eurysthée et Junon, le héros hors de lui lança dans la mer son esclave Lichas qui lui avait remis l'exécrable présent; puis, par un dernier effort, il monta sur un bûcher en suppliant ses amis de l'abandonner aux flammes. Philoctète seul obéit; et le héros reconnut ce service en lui cédant son carquois et ses flèches d'où dépendait la destinée de Troie. Quand les feux eurent consumé ce qu'il y avait en lui de mortel, Jupiter l'enleva dans les cieux, où la jeune Hébé devint son épouse, et l'immortalité sa récompense.

THÉSÉE.

Fils d'Ethra et d'Egée, roi d'Athènes, Thésée, par sa bravoure et sa sagesse, peut dignement soutenir le parallèle avec Hercule, son protecteur et son ami.

Sa mystérieuse enfance s'éleva dans Trézène, par les soins de Pithée, son aïeul, qui le fit passer pour le fils de Neptune. Pour lui, le secret de sa naissance reposait tout entier sur une épée que son père avait, en partant, cachée sous une pierre. Sur les révélations de sa mère, Thésée s'empara du glaive paternel et se dirigea vers Athènes. Quoique jeune, il ne recula point devant les dangers de la route; des obstacles l'attendaient, mais il avait soif de gloire, et il sut la conquérir en massacrant les Scinis et les Scyron, ces brigands infâmes, semant à plaisir les routes d'assassinats sans nombre; Procuste, dont l'ingénieuse cruauté, après avoir étendu sur un lit les corps des passans, coupait ou alongeait les membres des victimes, selon qu'ils excédaient ou n'atteignaient point la mesure de son tréteau de fer; Cercyon, bourreau non moins habile, qui, alors qu'il avait attaché les voyageurs à des branches d'arbres ployées avec effort, les relançait dans l'air pour jouir du spectacle de ces corps suspendus, et tant d'autres encore que lui, jeune voyageur, il rendit tous aux mêmes supplices.

A son arrivée à Athènes, Médée, dont l'influence suspecte dominait Egée, résolut la perte du héros. Mais le père, dès qu'il eut reconnu son fils à la garde de son épée, le sauva de la jalousie de sa souveraine maîtresse en la chassant de sa cour. La présence de Thésée à Athènes souleva contre son père les Pallantides (ou descendans du frère du roi) qui se voyaient éloignés du trône par la reconnaissance de ce fils. Mais Thésée comprima leurs insolentes prétentions en les passant tous au fil de l'épée.

Après avoir raffermi le trône de son père, il marcha au-devant de tout ce qui pouvait illustrer son courage. Marathon était en proie aux ravages d'un taureau ; il s'en empara vivant, le promena dans les murs d'Athènes, et là, en fit le sacrifice à Apollon.

L'une de ses plus belles actions, celle qui lui fut inspirée, plus encore par le sentiment de la patrie que par le désir de la gloire, c'est la délivrance d'un tribut odieux qu'Athènes était obligée de solder chaque année en victimes humaines.

Ce tribut, c'est Minos, roi de Crète, qui l'avait imposé aux Athéniens, en ressentiment de la mort qu'ils avaient donnée à son fils Androgée.

Par le sort élus, sept jeunes garçons et tout autant de jeunes filles partaient pour devenir la pâture du Minotaure, monstre moitié homme et moitié taureau, fruit des passions désordonnées de la femme de Minos, de Pasiphaë. Elle aima un taureau. Ce dévergondage, au rapport de la fable, lui fut inspiré par la vengeance de Neptune, frustré par Minos du plus beau de ses taureaux, que ce roi devait, en sacrifice annuel, payer au dieu des mers.

En ces temps, Dédale, artiste savant à qui l'antiquité est redevable de plusieurs inventions utiles, trouvait dans la Crète un asile contre le châtiment qu'il devait subir comme assassin de son neveu Talus. Déjà connu par la construction du fameux labyrinthe, de cette demeure inextricable, coupée de chemins sans nombre, de sinuosités inextricables sibles, l'ingénieux ouvrier, par le prodige de son art, servit les criminelles amours de la reine. Il imagina, pour receler l'infâme Pasiphaé, une génisse, dont les formes, habilement dessinées et mouvantes, simulaient des beautés charnelles où se méprenait la passion fougueuse du taureau aimé. Devons-nous accueillir comme vraie une passion aussi absurde qu'immorale? Croyons plutôt que, dans cette falsification monstrueuse, s'est dénaturée l'intrigue de quelque prince amant avec quelque fille de roi; que cette intrigue, secondée par les soins d'un habile affidé, donna le jour à des enfans qui, sous le nom de minotaures (*Minos et Taurus*), réunirent les noms de leurs parens.

N'importe; suivons toujours les récits de la fable. Dédale, pour prix de ce criminel ouvrage, fut enfermé dans le labyrinthe avec son fils Icare. Son génie le sauva; il s'attacha des ailes avec de la cire; son fils suivit son exemple; mais trop inexpérimenté encore dans son vol élevé, ses ailes se détachèrent sous les rayons ardens du soleil, et il tomba dans la mer qui porte son nom. Dédale descendit en Sicile, où le prince son hôte, Cocalus, forcé plus tard par Minos de le livrer à sa vengeance, et d'un autre côté, retenu par sa promesse de lui sauver la vie, se détermina enfin à le faire étouffer dans une cuve.

Cependant, le Minotaure, soustrait aux infâmes lubricités de Pasiphaé, était entretenu dans le Labyrinthe sur le déplorable impôt que payait Athènes. Thésée y mit fin. Au centre de cette prison, où mit lieu de ses détours énigmatiques, seul il pénétra pour immoler le monstre et l'anéantit. Ariane, fille de Minos, éprise pour lui d'amour, le secondait dans cette périlleuse tentative, à l'aide d'un peloton de fil qu'il dévida en pénétrant dans cette enceinte, et qu'il roula ensuite pour revenir à sa route première.

Lorsqu'il sortit de Crète, il emmena avec lui son amante et Phèdre, autre fille de Minos : mais bientôt cet ingrat triomphateur abandonna Ariane dans l'île de Naxos pour épouser Phèdre, dont il se passionna pendant la durée de son voyage.

Son retour dans sa patrie causa la perte de son père. Egée lui avait recommandé, au lieu de voiles noires que portait son vaisseau, d'arborer des voiles blanches s'il revenait vainqueur. La précaution fut oubliée, et le malheureux vieillard qui, du haut d'un rocher, l'œil fixé sur la mer, cherchait le vaisseau attendu, à la vue des voiles toujours noires, se frappa tellement d'une idée de mort au sujet de son fils, que son désespoir le poussa dans les flots.

Pirithoüs, roi de Thessalie, brigua l'honneur de l'amitié de Thésée, et si intime fut à son début cette union, qu'elle devint inséparable. Tous deux firent de concert de grandes actions, mais la plupart cependant furent plus difficiles qu'honorables. Après la défaite des Lapithes et des Centaures, êtres prodigieux qui tenaient tout à la fois de l'homme et du coursier, Thésée et Pirithoüs, pour compenser la perte, l'un de Phèdre, et l'autre d'Hippodamie, leurs épouses, résolurent d'enlever quelque princesse d'origine céleste. Leur première victime fut Hélène, la fille de Léda, que le sort fit échoir à Thésée, et que reconquirent bientôt les deux frères Castor et Pollux. Une autre proie les tenta, et leur audace ne s'effraya point à l'idée de franchir les gouffres de l'enfer; ils voulurent en arracher la reine; mais Pluton les prévint, et tous deux expièrent leur crime, Pirithoüs en tournant sur la roue d'Ixion, et Thésée en s'asseyant sur un roc, fixe et immobile. Hercule les délivra et les ramena sur la terre.

Parmi les enfans de Thésée se distinguent Ænopion et Staphylus, issus d'Ariane; Démophon que lui donna Phèdre, et le malheureux fils qu'il eut d'Antiope, reine des Amazones, Hippolyte, sur qui sa belle mère, Phèdre elle-même, osa jeter un regard de volupté. Vertueux enfant, il recula d'horreur à d'incestueuses déclarations. Phèdre fut indignée, et sa haine s'engendra du mépris de ses feux; des outrages furent supposés, des accusations mensongères furent déférées au roi. Thésée expulsa loin de lui le prétendu coupable, et Neptune fut prié du soin de sa vengeance. Ses prières furent exaucées, car, au sortir de Trézène, un monstre au corps écaillé et tortueux, soudain fut suscité par le dieu des mers. Son aspect et ses mugissemens épouvantent les coursiers indociles au bras qui veut les retenir; furieux ils s'emportent à travers les rochers où leur maître, innocente victime, disperse en lambeaux et son corps et sa vie.

Dans la suite, Thésée impuissant à comprimer une révolte que Ménesthée, son rival, avait pendant son absence soulevée en sa faveur, se retira auprès de Lycomède, roi de Scyros (*île de la mer Égée*), qui feignit de lui ouvrir à sa cour une généreuse hospitalité. Soit par crainte pour lui-même, soit par insinuation de la part de ses ennemis, il résolut de le sacrifier à sa sécurité. Il l'engagea spécieusement à monter sur un roc élevé pour y jouir de l'immensité de la vue, et de là il le fit lâchement précipiter en bas. Ainsi finit Thésée, dont le bras pouvait tout, sans doute, contre la force, mais rien contre la trahison.

PERSÉE.

Acrisius, roi d'Argos (*Péloponèse*), trop prompt à s'alarmer à la voix d'un oracle qui lui annonce dans un de ses petits-fils et sa chute et sa mort, fait enfermer Danaé, sa fille, en une prison d'airain. Précaution barbare autant qu'inutile! Auprès d'elle, Jupiter descend en pluie d'or; mystique allégorie où se simule un amant, séduisant avec de l'or les gardiens d'une amante captive. Danaé devint mère de Persée. Sur les ordres d'Acrisius furieux, la mère et le nourrisson, étroitement renfermés dans un coffre, sont jetés à la merci des flots. Un pêcheur les reçoit, et les transporte à son prince, Polydecte qui, pour satisfaire les sentimens d'une passion éveillée aux charmes de Danaé, résolut d'éloigner Persée, en l'envoyant combattre, jeune encore, une des terribles Gorgones. Elles étaient au nombre de trois : Méduse, Sthenio et Euryale, toutes issues de Cælo et du dieu marin, Phorcus; toutes trois immortelles, Méduse seule exceptée. La fable nous les peint avec une chevelure entrelacée de serpens, n'ayant à elles trois qu'un seul œil, qu'une seule dent, mais avec faculté d'un usage alternatif. Persée affronte Méduse; armé par Minerve d'une égide ou bouclier dont la surface polie lui rendant en image la personne de son ennemie, le soustrait à ses regards pétrifians; il abat la tête de la gorgone et la place sur l'égide, qu'il rendit dans la suite à la déesse protectrice. A ce triomphe succède la délivrance de la belle Andromède, exposée, sur les ordres de l'oracle, à la voracité d'un monstre marin, en expiation de l'orgueil de sa mère, qui s'était dite plus belle que Junon et les Néréides; Persée, vainqueur du monstre, l'épousa. Enfin, de retour en Thessalie, au milieu d'une célébration de jeux publics, il accomplit, involontaire parricide, l'arrêt fatal sous lequel les dieux l'avaient fait naître. Acrisius, son grand-père, qu'il ne connaissait pas, tomba frappé d'un disque lancé par sa main.

CASTOR ET POLLUX.

Pendant que Léda, femme de Tyndare, roi de Sparte, se baignait sur les bords de l'Eurotas, un cygne vint se réfugier dans ses bras. Ce cygne, c'était Jupiter, ainsi métamorphosé pour la séduire. Neuf mois après, Léda accoucha de deux œufs; de l'un, sortirent Castor et Clytemnestre, tous deux mortels; de l'autre, Hélène et Pollux, tous deux doués de l'immortalité.

Ces deux frères, fameux par leur amitié indissoluble, signalèrent leur courage lors de la conquête de la Toison-d'Or. A leur retour dans leur patrie, ils portèrent la guerre sur le sol d'Athènes, pour venger l'enlèvement de leur sœur Hélène, que Thésée avait emmenée dans ses états. Ils la trouvèrent dans la ville d'Aphidna, dont ils épargnèrent les habitans : seulement, ils firent prisonnière la mère de Thésée, Æthra, qu'ils donnèrent à Hélène pour esclave. Epris d'une passion semblable à celle qu'ils condamnaient dans Thésée, ils enlevèrent pareillement deux filles de Leucippe et d'Arcinoé, Telyra et Phœbé, déjà fiancées aux fils du roi de Messine, Apharcus. Lyncée et Ida, leurs prétendans, attaquèrent les ravisseurs : le premier tua Castor ; mais Pollux vengea, sur la tête du second, la mort de son frère et fut foudroyé par Jupiter.

Après des vœux inutiles pour que Castor pût recouvrer sa vie, Pollux obtint du maître des dieux que son frère partageât son immortalité. Ainsi, tous deux échangeant une portion alternative et de vie et de mort, l'un descendait aux enfers, lorsque l'autre renaissait. Ce passage réciproque du néant à l'existence se perpétua, jusqu'à ce qu'enfin ils fussent placés au rang des signes du zodiaque sous le nom de Gémeaux.

Par leur adresse et leur force ils furent dignes d'être adorés, Pollux comme le patron des athlètes, parce qu'il se distingua par de nombreuses victoires dans les combats du ceste. Castor fut invoqué par tous ceux qui disputaient le prix à la course des chars, parce que c'est lui qui sut dompter les coursiers et les diriger savamment dans l'arène olympique.

BELLÉROPHON.

Alcimène, fils de Glaucus, roi d'Epire, que le meurtre de son frère Beller fit surnommer Bellérophon s'était retiré à la cour de Prœtus, roi d'Argos, afin de fuir le châtiment que son crime attirait sur sa tête. La femme de ce prince Sthénobée essaya vainement de le séduire : et la faute qu'il refusait de commettre fut calomnieusement déférée à Prœtus comme véritable. Le roi crut devoir respecter dans ce prétendu coupable, les droits de l'hospitalité en l'envoyant à Iobat., au père même de Sthénobée, avec des lettres qui lui recommandaient le soin de la vengeance.

Bellérophon fut chargé d'aller combattre l'épouvantable Chimère, qui dans un seul corps réunissait la tête du lion, le corps de la chèvre et la queue du serpent. Iobat pensait que l'exposer à semblable combat, c'était le jeter au-devant d'une mort certaine, mais l'appui de Minerve et l'aide du cheval Pégase, lui permirent une lutte glorieuse et triomphante. D'autres dangers lui furent proposés : la défaite des Amazones, des Scythes et des Lyciens, toujours même succès. Alors, Iobat désespérant de le faire succomber dans ancune tentative, fait aposter un de ses soldats. Artifice inutile! Bellérophon immole l'assassin préposé. Tant de bonheur étonne Iobat : il ne peut croire plus long-temps coupable celui que les dieux honorent d'une si constante protection, et il revient de ses soupçons premiers, bien plus il l'admire, et l'accepte pour gendre en l'unissant à Philonoé sa fille.

Dans l'enivrement de ses succès Bellérophon voulut s'élever jusqu'aux cieux avec le cheval Pégase dont il était maître : Jupiter déconcerta ses projets insensés ; suscité par ce dieu un taon piqua le pied du coursier, qui s'agita de douleur et renversa son maître. Bellérophon périt de sa chute.

TANTALE. — PÉLOPS. — ATRÉE ET THYESTE.

Crimes sur crimes, assassinats nourris des plus atroces combinaisons ; voilà l'histoire de la famille de Tantale. Cette horrible vengeance, déjà froidement inventée par la femme de Térée, roi de Thrace, qui, pour payer les outrages faits à sa sœur Philomèle, servit à son époux les membres dépécés de son fils Itys ; ce repas, d'exécrable mémoire, se reproduit sous les mains de Tantale, lorsqu'il veut éprouver si les hôtes qu'il a reçus, sont réellement des Dieux. Pélops, son enfant, est par lui jeté en lambeaux sur la table, pour assouvir la faim des célestes convives. Quelques-uns s'y méprirent ; Cérès mangea une épaule ; mais Jupiter rendit le jeune prince à la vie, et lui substitua une épaule d'ivoire. Dans la suite, Pélops brigua pour épouse la fille d'OEnomaüs, roi d'Elide. Sa main était promise au vainqueur à la course des chars ; l'artificieux amant déroba la victoire, en concourant avec un char dont les esses étaient mal assurés. Hippodamie lui fut donnée. Dans ses deux enfans, Atrée et Thyeste se renouvelèrent les horreurs de Tantale leur aïeul. Thyeste enleva Erope, la femme

de son frère. Atrée, la vengeance au cœur, feignit
une réconciliation, s'empara du fruit de cet inceste,
le massacra pour donner en festin à son frère des
membres morcelés. Le soleil en recula d'horreur.
Thyeste, à qui l'oracle avait annoncé un vengeur
dans l'un de ses enfans, au milieu d'un bois consacré à
Minerve, fit violence à sa propre fille Pélopée. Après
avoir épousé son oncle Atrée, elle donna le jour à
un fils qui fut exposé, et allaité par une chèvre,
d'où il prit le nom d'Egysthe. Egysthe grandi reçut d'Atrée l'ordre d'aller immoler Thyeste.
Thyeste reconnut son fils à un glaive dont l'avait
armé Pélopée, et Egysthe épargna son père qui le
poussa au meurtre d'Atrée. Il le tua : bientôt son
amour pour Clytemnestre, femme d'Agamemnon, roi
d'Argos, lui suscita un nouveau meurtre. De concert avec son adultère amante, il sacrifia le prince
à sa coupable passion. Oreste, fils d'Agamemnon,
n'aurait point échappé au fer de cet assassin, si sa
sœur Electre ne l'eût secrètement envoyé à la cour
de son oncle Strophius, roi de Phocide, où il con-
nut Pylade, qui resta son fidèle et intime ami. Il
revint à Mycène, et résolut la mort des assassins
de son père. Electre, sa sœur, l'aida dans sa vengeance. Et pendant que les adultères époux célébraient dans le temple une joyeuse cérémonie,
Oreste, caché derrière les autels, s'élança sur eux,
et vengea, par ce double assassinat, les mânes
d'Agamemnon.

GUERRES

SEMI-FABULEUSES ET SEMI-HISTORIQUES.

Argonautes. — Conquête de la Toison-d'Or.

Fameuse est dans l'histoire mythologique la conquête de la Toison-d'Or ; mais les poëtes l'ont tellement chargée de fictions, que l'expliquer en son véritable sens est chose difficile. Dans la Colchide, nous dit Strabon, un certain fleuve roulait dans ses flots des molécules d'or. Les habitans de ses rives, afin de recueillir ces précieuses parcelles, imaginèrent d'étendre à la sommité de l'onde des peaux de mouton dont la laine interceptait le limon emporté par le courant. On les suspendait ensuite pour en secouer les riches parcelles. Quelques aventuriers, peut-être séduits par l'appât d'un si beau butin, en auraient-ils tenté l'enlèvement ? C'est ce que la mythologie aurait falsifiée sans doute sous le nom de conquête de la Toison-d'Or. D'autres interprètent cette même toison comme un trésor immense pour lequel conspirèrent une troupe de héros. Dans cette hypothèse, où la vérité historique se dénature sous les ornemens de la fable, on raconte qu'Éson eut deux fils, Jason et Pélias ; que ce dernier détrôna son père, et que Jason fut soustrait, dès sa naissance, à la cruauté de cet usurpateur, et nourri en secret par le centaure Chiron. Lorsqu'il reparut à Colchos, sa valeur éveilla la crainte de Pélias, qui médita sa perte. Mais afin de déguiser sa perfidie, il lui promit de le replacer sur le trône paternel, s'il pouvait, du sein de la Colchide, rapporter la précieuse toison. Or, voici ce qu'elle était.

Phryxus, roi de Thèbes, se trouvait, par la répudiation de sa mère, en butte à la haine d'Ino, sa marâtre, qui haïssait en lui l'héritier du trône d'Athamas. Elle méditait en effet sa perte, lorsque, accompagné de sa sœur Hellé, il partit secrètement de la Béotie, emportant la plupart des trésors de son père, qu'il allait déposer aux mains d'Æetès, roi de Colchide. Ils s'embarquèrent sur un vaisseau dont la proue figurait un bélier. Ce n'est point un vaisseau, si nous voulons admettre les prodiges de la fable, mais bien un bélier sur lequel ils montèrent. Avec lui ils prirent leur essor à travers les airs; mais, dans ce voyage trop rapide, Hellé sentit sa tête faillir, et tomba dans ce détroit de mer qu'on nomme l'Hellespont. Abordé en Colchide, Phryxus fit au dieu Mars sacrifice de ce bélier, et en consacra la dépouille, qui fut suspendue au centre d'un bois sacré, sous la garde d'un épouvantable dragon.

C'est à la conquête de ces richesses, ou pour continuer la fiction, à l'enlèvement de cette toison d'or que se disposa Jason à la tête de cinquante-deux héros. Parmi eux se distinguent Hercule lui-même, Thésée, Pyrithoüs, Castor et Pollux, Laërte, père d'Ulysse, Amphyon et Orphée, tous deux savans poètes et musiciens, et Lyncée dont la vue pénétrante découvrait les écueils cachés sous les eaux.

Ils montèrent sur un vaisseau nommé Argo, du nom de son architecte Argos, et d'où ses guerriers prirent le nom d'Argonautes. Au centre, s'élevait en forme de mât un chêne de la forêt de Dodone, qui prédisait l'avenir.

Leur première relâche se fit à Lemnos, où ils séjournèrent deux ans, et donnèrent des enfans à toutes les femmes de cette île, qui avaient massacré leurs maris. De là, ils prirent terre dans la Troade et à Cyzique, où le roi les honora d'un accueil favorable. La tempête les poussa ensuite sur les côtes de Thrace à Salmydesse, où ils délivrèrent Phynée de la persécution de ces immondes oiseaux appelées harpies; et après avoir heureusement franchi les écueils des Symplégades, ils touchèrent enfin sur la terre capitale de la Colchide. Là, Jason se fit aimer de la fille d'Æétès, de la magicienne Circé, dont les enchantemens facilitèrent puissamment sa conquête. Par elle, il surmonta les dangereux travaux à l'accomplissement desquels le roi de Colchide s'était engagé de rendre le trésor demandé. Il fallait dompter un taureau aux cornes et aux pieds d'airain, qui de ses naseaux vomissait les flammes. Jason le soumit, l'attela à une charrue de diamant, et lui fit labourer une vaste étendue de terrain; le terrible gardien de la toison, le dragon, tomba sous ses coups; et il en sema les dents d'où naquirent des hommes armés, et qui s'entretuèrent tous sitôt qu'il eût jeté une pierre au milieu d'eux.

Possesseur triomphant, il partit avec son amante. Le vieux Æétès s'efforça de le poursuivre, lorsque la barbare Médée déchira en lambeaux les membres de son frère Absyrte qu'elle sema au-devant de ses pas afin de suspendre sa course. De retour à Colchos sa patrie, le héros célébra son triomphe par une fête publique. Comme l'âge ne permettait pas au vieil Éson d'assister à cette solennité, Médée le rajeunit en insinuant dans ses veines un sang frais et vermeil. Ce prodige fit sur ses filles une telle impression qu'elles supplièrent Médée d'opérer chez leur père un même renouvellement de jeunesse. Médée, heureuse de pouvoir venger les injustices faites à son époux, feignit de révéler ses secrets, et les engagea à faire bouillir en un vase d'airain les membres de leur père. Quant à elle, elle devait y mêler certaines herbes d'une énergique efficacité. Les Péliades, dans leur aveugle tendresse, égorgèrent leur père, et Médée railla leur parricide. Dans leur indignation, les habitans de Colchos chassèrent l'infernale magicienne qui se retira à Corinthe avec son époux Jason. Leur union se conserva vraie et intacte jusqu'au jour où ce dernier vit la fille du roi Créon, l'admirable Glaucée : elle lui fut promise, sous condition qu'il répudierait Médée. Cette épouse, qui aimait d'un véritable amour, voila d'un secret assentiment ses projets de vengeance. Elle fit don à la nouvelle fiancée d'une robe empoisonnée qui brûla Glaucée tout entière, ainsi que son père Créon, pendant qu'il s'efforçait de la soulager.

C'était trop peu encore ; par cette mort de Glaucée, elle venait de frapper au cœur de l'amant, mais elle voulut aussi briser le cœur paternel, et elle égorgea les deux enfans qu'elle avait eus de Jason. Après tous ces forfaits, elle partit ; et transportée au sein des airs, sur un char attelé de dragons, elle descendit à Athènes, où elle se purifia de tous ses crimes.

FONDATION DE THÈBES.

Cadmus, selon l'histoire, émigra de sa patrie à la tête d'une troupe de Phéniciens, et vint en Phocide fonder la ville de Thebes. Tel est le fait dans sa vérité : mais écoutez la fable, et le merveilleux va se joindre à l'historique. Cadmus, sur les ordres de son père, partit à la recherche de sa sœur Europe, que, sous la forme d'un taureau, avait enlevée Jupiter. Parvenu en Grèce, il consulta l'oracle qui lui commanda d'élever une ville là où s'arrêterait une génisse. Il en vit une en effet dont il suivit les traces jusqu'en Phocide. Là, il fit un sacrifice à Minerve, et tandis que ses compagnons allaient puiser de l'eau à une fontaine voisine, survint un dragon qui les dévora tous. Après la défaite du monstre, il en sema les dents d'où naquirent des hommes qui s'entretuèrent à leur naissance. Cinq seulement survécurent : il s'aida de leur secours, pour la fondation de la ville de Thèbes. Dans la suite de son union avec Hermione, il eut une nombreuse famille qui fut, jusque dans sa postérité, en proie à de continuels malheurs. L'oracle les lui prédit ; aussi voulut-il les éviter par la suite. Il se retira avec Hermione, en Illyrie, où ils furent tous deux changés en serpens.

Le plus malheureux de ses descendans, celui qui ressentit le plus cruellement la rigueur du destin, c'est le fils de Laïus, c'est OEdipe; sous lui Thèbes vit un affreux spectacle.

Redoutant la voix de l'oracle qui lui annonça la mort de la main de son fils, Laïus fait exposer l'enfant que met au monde Jocaste. Il croit arrêter par là les célestes décrets. En vain, dans l'espérance qu'il périra de faim, on fait suspendre le nourrisson à un arbre par des courroies qui traversent ses pieds. Mais à ses cris de souffrance accourut un berger de Polybe, roi des Corinthiens, qui le détacha et en fit présent à la reine. Il passa long-tems pour son père ; mais lorsque OEdipe grandi eût découvert que Phorbas n'était que son sauveur, il se mit à la recherche de l'auteur de ses jours.

Il alla consulter l'oracle qui lui fit entendre cette terrible réponse : « Meurtrier de ton père, tu épouseras la mère! »

Il voulut loin de sa patrie prévenir de semblables forfaits. Il entrait dans la Phocide, lorsqu'en un étroit sentier s'offrirent à lui Laïus et son officier Polyphonte. Le héraut ordonna au jeune inconnu de céder le pas devant l'âge et la majesté du vieux roi. Impatient d'orgueil, OEdipe engagea une lutte où la mort de Laïus réalisa en partie la prédiction de l'oracle. Plus tard, il rencontre le monstre qui dévorait les voyageurs incapables de résoudre ses énigmes, le sphynx dont le corps multiple joignant à une tête de femme un corps de lion armé de griffes et terminé par une queue de serpent ; OEdipe le voit, le devine, et reçoit pour récompense promise la couronne de Thèbes et la main de Jocaste. Ainsi se sont réunis sur sa tête le parricide et l'inceste : il l'ignore jusqu'anx jours où, dans les horreurs d'une peste, les augures consultés répondirent que le fléau ne cesserait qu'à l'expulsion du meurtrier de Laïus. Enfin, on le découvrit dans OEdipe, enfin, se révélèrent ces involontaires turpitudes auxquelles durent naissance Antigone et Ismène, Eléocle et Polynice. OEdipe au désespoir s'éloigna de Thèbes, n'emmenant avec lui que sa vertueuse Antigone. Ses deux fils montèrent sur le trône. Ils convinrent entre eux que par un régne alternatif chacun d'eux à son tour régenterait le royaume pendant un an. Eléocle après avoir accompli sa portion annuaire, ne voulut pas céder le trône à Polynice. De là une haine vive et implacable entre ces deux frères. Polynice va implorer le secours d'Adraste, roi d'Argos, dont il épouse la fille. A la tête de troupes rassemblées, et appuyé de Tydée, autre gendre d'Adraste, il marche contre Thèbes.

A ces trois chefs, se joignent quatre autres héros fameux dans l'histoire par le nom des *sept chefs* : Capanée, qui périt frappé de la foudre de Jupiter, et que la pieuse Evadné, sa femme, suivit sur le bûcher ; Amphiaraüs, qui chercha d'abord à se soustraire aux périls de cette expédition, et dont la retraite fut révélée par son épouse même Eriphyle, séduite sur l'appât d'un collier d'or ; Hippomédon et Parthénopée. A ces braves, Eléocle opposa Ménalippe, Polyphonte, Hipperbius et Lasthenès. Sanglante fut la lutte, à laquelle mit fin un combat singulier entre les deux frères. Ils se percèrent mutuellement, et à leur trépas survécut encore leur inimitié : car les flammes qui sur le même bûcher dévoraient leurs corps ne se confondirent pas.

Cette guerre avait coûté la vie à tous les héros grecs, mais leur mort fut bientôt vengée par leurs dignes descendans (les Epigones). Successeur d'Etéocle, Laodamas les convoqua à cette noble entreprise, et Thersandre, ou selon d'autres Ampharaüs, fils d'Alcméon les entraîna sous les murs de Thèbes. La victoire fut pour eux ; et sous le glaive des Épigones, le sang des Thébains satisfit aux mânes de leurs pères, auparavant tombés avec gloire sans doute, mais sans succès.

GUERRE DE TROIE.

Sur les côtes de l'Asie mineure, à l'opposite de la Grèce, s'élevait le royaume de Troie. Là régnait le vieux Priam, seul rejeton échappé au massacre d'une famille qui ne comptait que des rois pour aïeux. Il dût tous ces malheurs à Pâris, son fils. Un jour Hécube, alors que cet enfant se formait dans son sein, vit en songe un flambeau qui sortait de ses flancs. Les devins consultés en augurèrent la ruine de Troie. On s'efforça de prévenir ces maux annoncés ; et Pâris à sa naissance fut exposé sur l'Ida : c'est sur ce mont, qu'entouré de ses troupeaux, il devint juge de la beauté entre Minerve, Pallas et Junon, qui s'en déférèrent à lui, lors de la dispute au sujet d'une pomme d'or jetée par la Discorde au milieu des noces de Thétis et de Pélée ; elle portait ces mots : *A la plus belle*. Pâris, insensible aux présens de chaque déesse, adjugea en critique impartial la pomme d'or à Vénus. De là, cette protection qu'accorda Vénus aux Troyens, et cette inimitié que leur jura la reine des dieux.

Dans ce temps Hercule avait ravagé la contrée de Troie, et donné Hésione, fille de Laomédon, à Télamon son ami. Priam, irrité de ce que sa sœur devenait la proie d'un étranger, envoya son fils en Grèce pour la redemander. À son arrivée à Sparte, Pâris fut accueilli par les Atrides (ou descendans d'Atrée) Agamemnon et Ménélas. Mais, contre tous les droits de l'hospitalité, il enleva Hélène, la femme de ce dernier. Il l'emmena dans sa patrie, sans que Priam désavouât ce forfait, espérant recouvrer plus tôt sa sœur Hésione, en l'échangeant pour la princesse ravie. Mais loin de là, au cri de l'époux insulté, se soulève la Grèce entière. Dans l'Aulide s'assemblent mille vaisseaux. Ils partent à leur tête le roi des rois, Agamemnon : suivent le fougueux Ajax ; le brave Diomède, le sage Idoménée, l'artificieux Ulysse ; Nestor, dont la vieillesse compte déjà trois âges d'hommes ; et le plus vaillant de tous les Grecs, l'impétueux Achille.

Achille, fils de Thétis et de Pélée, élève du centaure Chiron qui le nourrit dans son enfance de la moëlle des lions et des sangliers, invulnérable dans tout son corps, au talon seul excepté, car Thétis, à sa naissance, l'avait plongé dans les eaux du Styx ; forcé d'aller au siége de Troie, car sa mère qui connaissait sa destinée future, le retenait sous des habits de femme à la cour de Lycomède, roi de Scyros ; la Ulysse sut le deviner en étalant aux yeux des princesses de riches joyaux, parmi lesquels étincelait une épée d'or. Achille, prompt à la saisir, se révéla tout entier. Même ruse avait déjà fait succomber Ulysse lui-même, qui avait aussi voulu par une feinte folie se soustraire à l'honneur d'une grande expédition. Pendant qu'il creusait un sillon sur les bords de la mer, Palamède plaça près du soc de la charrue son jeune fils Télémaque : Ulysse se détourna ; ainsi, dans cette prudence paternelle, se démentit une prétendue démence qui céda devant la nécessité de cette guerre. Car Troie ne devait tomber qu'à l'accomplissement de certaines fatalités. Ainsi indispensables étaient la présence d'Achille ; la mort du plus grand défenseur des Troyens, d'Hector, l'un des fils de Priam ; l'enlèvement du Palladium par les Grecs ; les flèches d'Hercule, gardées par Philoctète, qui crut ne pas violer la promesse faite à ce héros mourant de ne jamais les révéler, en se contentant de frapper du pied le lieu qui les cachait.

Assemblés dans le port, les Grecs se disposaient à tendre les voiles, lorsque tout-à-coup éclata une tempête. Alors le devin Calchas s'écria que Diane demandait une victime du sang d'Agamemnon.

Sous prétexte d'être fiancée au courageux Achille, Ulysse arracha Iphigénie des bras de sa mère Clytemnestre, et déjà elle était à l'autel près d'être immolée, lorsque la déesse lui substitua une biche, et la transporta en Tauride, où elle devint prêtresse de son temple.

Après avoir satisfait aux volontés divines, les Grecs livrent leurs voiles aux vents propices, et la flotte aborde aux rivages de Troie. Les ennemis sont en présence : cependant point d'attaque avant que Ménélas et Ulysse n'aient été députés pour réclamer de nouveau Hélène. Contre l'avis de tous les chefs troyens, Pâris la refuse, et alors commencent des hostilités.

La lutte se balance long-temps, de part et d'autre les forces sont innombrables. Troie s'appuie du concours de toute l'Asie-Mineure ; le roi de Thrace Rhésus lui-même arrive en personne la protéger de ses nombreux secours, lorsque la nuit même de son arrivée Diomède enlève ses coursiers, que, pour la chute d'Ilion, le Destin avait défendu de laisser abreuver aux rives du Xanthe.

La défense de Troie ne répondit point à son appareil formidable. Peut-être même eût-elle bientôt succombé sans la valeur d'Hector et la querelle survenue entre Agamemnon et Achille au sujet de Briséis, belle captive, fille du pontife Chrysès, qu'à la prise de Lyrnesse (en Cilicie), le sort avait désignée pour Achille vainqueur.

Agamemnon l'enleva, et Achille, courroucé, refusa le secours de son bras jusqu'au moment où la nouvelle de la mort de Patrocle, son plus cher compagnon, le souleva à la vengeance.

Alors se change la face de la guerre. Furieux de la perte de son ami, et oublieux de son ressentiment contre les Grecs, Achille se jette au sein des ennemis, au premier choc saisit douze captifs, les immole aux mânes de son cher Patrocle; puis revient à la poursuite d'Hector, l'atteint d'un coup mortel, et trois fois autour d'Ilion traîne dans la poussière ce cadavre attaché à son char. Enfin sa dernière pitié le vend à prix d'or à Priam, à ce vieux père désolé qui avait un appui, et qui achète la grâce de rendre du moins les derniers honneurs à celui qu'il a perdu.

Quelque brave, quelque invulnérable que fût Achille, il ne put se soustraire à l'artifice de Pâris, qui d'une flèche mortelle lui perça le talon au moment où il engageait sur les autels sa foi d'époux à sa chère Polixène. A la mort de ce fils de Pélée, l'héritage de ses armes suscita entre deux héros Grecs une vive contestation. L'éloquence d'Ulysse l'emporta sur la bravoure d'Ajax, que la jalousie de cette préférence poussa dans une si affreuse folie qu'un fouet en main, il se jeta au milieu des troupeaux de l'armée, flagellant un dogue ou un bélier, comme s'il eût été aux prises avec Ulysse ou quelque Atride. Au retour de la raison, il se précipita sur son épée et se tua.

Cependant les Grecs, fatigués de dix ans de combats, ont recours à la ruse. Sous leurs mains habiles s'élève un cheval monstrueux, capable de contenir en ses flancs de bois une poignée de héros. C'est un vœu, disent-ils, pour apaiser Minerve et remplacer le palladium que Théano livra à Ulysse. En ses profondes cavités s'enferment trois cents soldats, et les Grecs vont se cacher derrière le golfe de Ténédos. Trompés par Timéhée, les Troyens introduisent dans leurs murs le fatal colosse. Vainement Laocoon, grand-prêtre de Neptune, veut éveiller la prudence de ses concitoyens, vainement prophétise Cassandre: Apollon, dont elle dédaigna le cœur, veut qu'on dédaigne ses prédictions. La nuit, Sinon ouvre les flancs du cheval; et les Grecs reparus se mêlent à leurs compagnons et s'emparent de la ville plongée dans le sommeil et le vin. Partout un impitoyable carnage. Priam voit un de ses fils Poll ès venir expirer aux pieds des autels, sous le fer de Pyrrhus, digne fils d'Achille : lui-même il tombe victime des imprécations de la douleur paternelle. L'auteur de cette guerre désastreuse, Pâris fut percé par Philoctète, d'une de ses flèches fatales : Troie fut incendiée et Hélène rendue à Ménélas.

Pour satisfaire aux mânes d'Achille, les Grecs immolèrent Polixène sur son tombeau. Le jeune Astyanax, le rejeton d'Hector, fut précipité du haut d'une tour. Sa mère Andromaque, fut contrainte d'abandonner sa main au fils du meurtrier de son époux ; et veuve de Pyrrhus, elle accepta, en troisième hymen, le devin Hélénus. Hécube devint esclave du roi d'Ithaque qui l'emmena chez Polymnestor, roi de Thrace. Là, elle apprit que ce prince barbare avait fait périr son jeune fils Polydore, qu'elle lui avait confié avec d'immenses richesses. Furieuse, elle lui arracha les yeux ; et après avoir succombé sous une grêle de pierres que lui jeta le peuple courroucé, elle fut métamorphosée en chienne enragée.

Pendant qu'Énée, pour échapper aux horreurs de l'incendie de Troie, partait chargé de son vieux père et de ses dieux pénates, tenant son fils Iules ou Ascagne par la main, Créuse, sa femme, s'égara sur leurs pas. Vénus, disent quelques-uns, l'enleva dans les cieux, d'autres font assez d'injure à la piété d'Énée pour croire qu'il l'abandonna, dans la crainte que sa présence ne nuisît plus tard à quelque lieu d'établissement sur une terre étrangère.

Long-temps après, en effet, échappé aux caprices du sort qui le ballota et sur terre et sur mer, le héros aborda en Italie où le roi Latinus lui donna sa fille Lavinie, contre les prétentions de Turnus, dont il fit taire la rivalité par un combat singulier. C'est alors qu'il bâtit Lanuvium, berceau de la grandeur des Romains.

La plupart des héros grecs, qui se signalèrent au

siége de Troie, ne virent pas la prospérité couron-
ner leurs succès par un retour propice au sein de la
patrie. Leur flotte échoua sur les rochers de l'île de
l'Eubée par la fraude de Naupilius, qui voulut venger la mort de son fils, Palamède, immolé à l'artifice d'Ulysse. Il alluma des flambeaux sur une montagne où vinrent échouer les vaisseaux, croyant
aborder à bon port.

Ulysse ne revit sa patrie qu'après dix années d'er-
remens sur les mers. La magicienne Circé le retint
dans son île où elle changea une partie de ses compagnons en pourceaux. Calypso lui offrit son cœur
et l'immortalité; il préféra le petit royaume d'Ithaque à son île enchanteresse. Les Syrènes ne pu-
rent le séduire, et Polyphème l'enferma dans son
antre : après l'avoir enivré, le héros lui creva
l'œil d'un énorme pieux, et sous le ventre d'un
bélier il échappa à la voracité du Cyclope.

L'indiscrète démence de ses compagnons le poussa
dans de nouveaux malheurs. Ils percèrent les ou-
tres pleines de vents qu'Eole lui avait confiées.
Alors son vaisseau s'abîma dans une affreuse tour-
mente, à peine put-il aborder sur une planche aux
rivages de Corcire. Là le reçut Alcinoüs, dont
les délicieux jardins ont été si vantés, il lui donna
même un navire pour retourner dans ses états. Au
sortir de ce naufrage, il tomba dans le pays des
Lotophages (mangeurs de *têtes*), où il sut se soustraire à l'influence de ce fruit perfide qui fait perdre tout souvenir de la patrie. Et enfin après avoir
trompé la voracité des Lestrigons, il aborda dans sa
patrie.

Son vieux chien Argus et sa nourrice Euryclée le
reconnurent seuls. Il parvint à grand'peine à la
cour de son beau-père Icarius. Là sa femme Pénélope souffrait depuis longues années des pressantes
sollicitations de nombreux prétendans. Sa vertu se
jouait de leurs espérances. Elle avait fixé le triomphe de leurs amours à la fin pleine et entière d'une

longue pièce de broderies, dont elle détruisait la nuit le travail qui s'était fait le jour. Sans cesse elle l'attendait, sans cesse elle espérait le revoir avec son fils Télémaque, qu'elle avait envoyé, sous la conduite de Mentor, le chercher par toute la terre. Sous les traits d'un mendiant, il arrive à la porte du palais, écrase sous son bras nerveux un pauvre, Irus, qui voulait lui contester le pas, et vole se jeter dans les embrassemens de sa vertueuse épouse. Pénélope conjure avec lui la perte des importuns qui l'assiégent. Elle promet sa main à celui dont le bras pourra tendre l'arc d'Ulysse. Nul essai n'atteint le but, et le roi d'Ithaque, ployant sans peine l'arme difficile, fait tomber, sous une grêle de traits, tous ces prétendans efféminés.

Alors, il se repose sur son trône, de ses longues fatigues. Mais il ne fut pas long, ce calme au sein de sa patrie et de sa famille : le Destin lui avait annoncé la mort à son retour. Télégone, enfant qu'il avait eu de Circé, accomplit cet arrêt, lorsqu'arrivé au palais de son père, en luttant contre les gardes qui voulaient lui interdire l'entrée, il décocha sur eux une flèche qui perça le malheureux Ulysse.

BIBLIOTHEQUE ROYALE

CONDITIONS DE LA SOUSCRIPTION.

Le prix de l'abonnement, payable en souscrivant, est pour Paris de :

30 sous pour 6 volumes.

3 francs pour 12 volumes.

6 fr. pour 24 volumes.

25 fr. pour toute la collection sur pap. ordinaire, et 30 fr. sur papier vélin.

ET POUR LES DÉPARTEMENTS (franc de port).

2 fr. 25 c. pour 6 volumes.

4 fr. 50 c. pour 12 volumes.

9 fr. pour 24 volumes.

40 fr. pour la collection (papier ordinaire), et 45 fr. pour la collection sur papier vélin.

(Cette augmentation considérable pour le seul transport n'est pourtant que la taxe rigoureusement exigée par l'administration des postes).

Le prix de chaque volume pris séparément sera de 6 sous sur papier ordinaire, et 8 sous sur papier vélin.

On s'abonne au bureau de la BIBLIOTHÈQUE POPULAIRE, *rue et place Saint-André-des-Arcs*, n° 30, à Paris.

N. B. Les Bureaux sont ouverts tous les jours, depuis 8 heures du matin jusqu'à 8 du soir.

Les lettres et envois doivent être affranchis.

Imprimerie de Firmin Didot Frères, rue Jacob, n° 24.

www.ingramcontent.com/pod-product-compliance
Ingram Content Group UK Ltd.
Pitfield, Milton Keynes, MK11 3LW, UK
UKHW021232230726
13926UKWH00003B/1390